JN273499

しずおか温泉自慢

かけ流しの湯

静岡新聞社

温泉は、生き物である。

大地から湧き出したばかりの温泉は、もぎたての果実のように瑞々しく、搾りたての生乳のように濃厚だ。しかし、ブームに乗って乱立したリゾート施設の中には、同じ湯を循環・ろ過し、使い回しているところが少なくない。機械の中を通るたび、温泉の成分は薄れ、繊細な肌ざわりも消えてしまう。これでは魅力半減である。太古の昔から、人々の身体と心を癒してきた温泉。その神秘の力を実感したければ、やはり新鮮な「かけ流しの湯」に限る。本書では、循環・ろ過なしの「良質な温泉」を厳選して紹介する。湯船からあふれる、生まれたての湯の感触を、あなたの五感でしっかり味わっていただきたい。

目　次

CONTENTS

しずおか 温泉自慢 かけ流しの湯

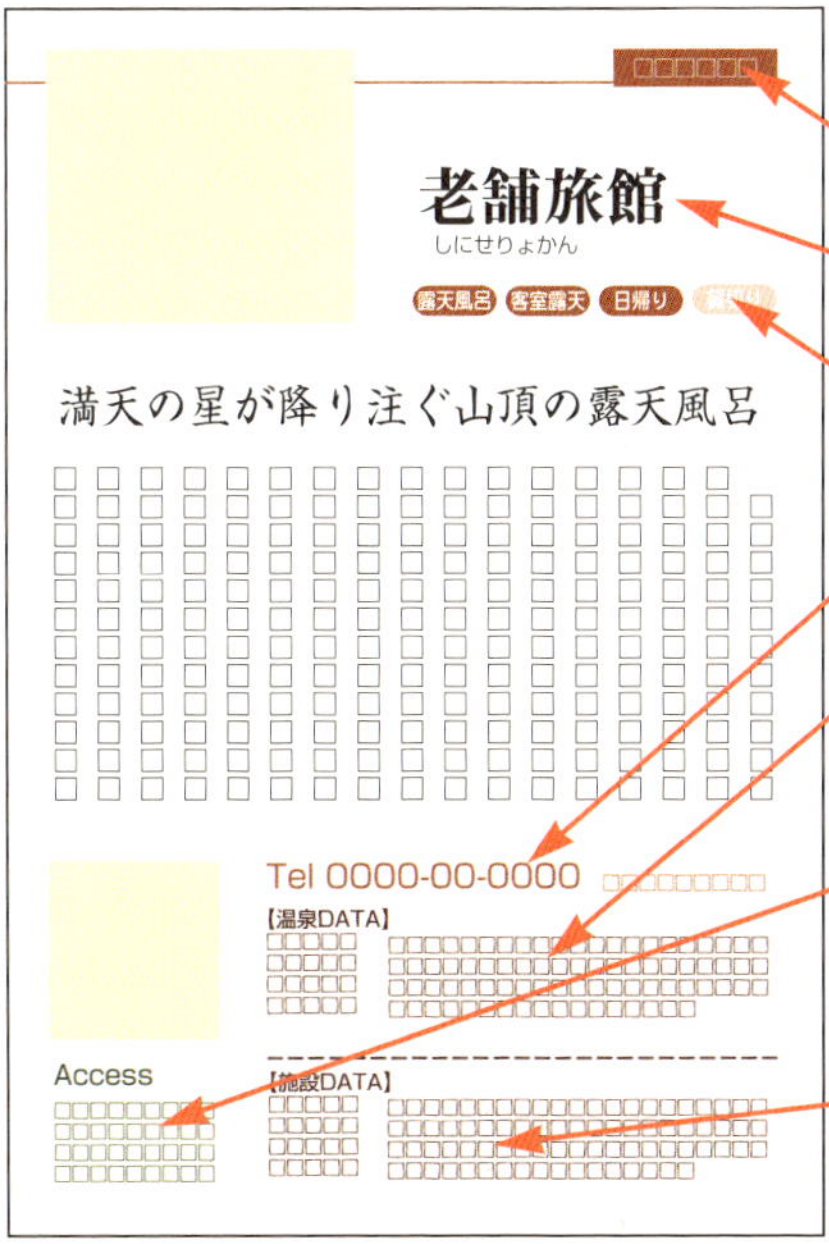

この本の使い方

温泉名

施設名

アイコン

該当するものを濃く表示しています。
【露天風呂】露天風呂がある
【客室露天】露天風呂付きの客室がある
【日帰り】宿泊なしの日帰り利用が可能
【貸切り】貸切り風呂がある

問合せ先電話番号／施設の住所

温泉DATA

風呂はかけ流しの湯船のみ赤字で表示しています。
効能は代表的なものをピックアップしました。

アクセス

地図中の温泉マークが該当施設の場所です。
アクセス方法は代表的なルートを紹介しています。

施設DATA

日帰り入浴未対応の場合は「不可」表示です。宿泊料金は基本的に平日2名1室の、1名分の料金となります。

※複数ある湯船のうち、一部がかけ流しの場合も掲載しています。
※本書は平成17年10月現在の情報をもとに編集したもので、内容に変更が生じる場合があります。

旅館 芳泉閣

りょかん　ほうせんかく

露天風呂　客室露天　日帰り　貸切り

温泉、森林浴、低カロリー食でリフレッシュ

来宮神社の杜に近い静かな山間に佇む、家庭的な雰囲気の温泉旅館。全六室のこぢんまりとした宿ながら、泉質の良さには定評があり、静岡県が推進するファルマバレー構想の「かかりつけ湯」にも選定されている。料金が手頃なので、学生の合宿や企業の滞在型研修宿泊施設としても人気が高い。

アイデアを凝らした様々な宿泊プランの中でも注目は「温泉でダイエット」プラン。板前でもあるオーナーが指定のカロリーに合わせた「高脂・高コレステロール血症予防献立」を提供し、カロリーを消費しやすい入浴方法をレクチャーしてくれる。

温泉の後は、新鮮な空気の中で森林浴。心身ともにリフレッシュできること請け合いだ。

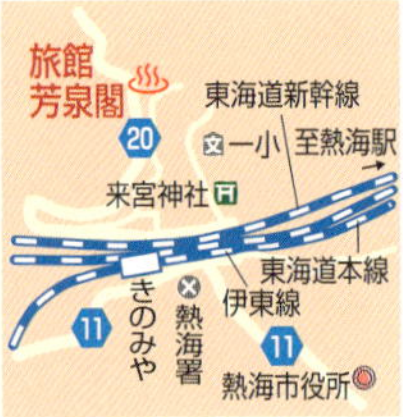

Access

【電車】

JR伊東線来宮駅より徒歩10分

【車】

東名高速道路沼津ICより国道136号線経由60分

Tel 0557-81-7624　熱海市西山町16-6

【温泉DATA】

風呂	内風呂（大小各1、いずれも貸切り）
泉質	ナトリウム・カルシウム-塩化物温泉
温度(源泉)	80.0℃
効能	切り傷、やけど、慢性皮膚病、虚弱児童、慢性婦人病ほか

【施設DATA】

日帰入浴	不可
宿泊料金	9450円～　IN12:00・OUT11:00
施　設	客室6、宴会場、マージャン室　駐車場／無料6台
URL	http://www.hosen.co.jp

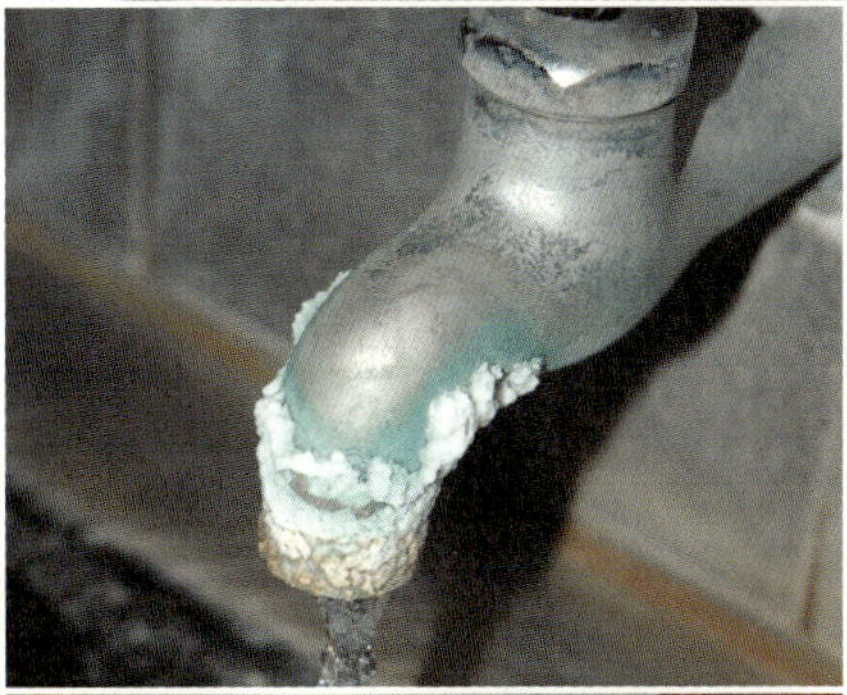

上／手入れの行き届いたお風呂は貸切りで、24時間いつでも入浴可能。中／湯口にびっしりと湯の花がこびりついているのは成分が濃厚な証拠。下左／落ち着いた佇まいを感じさせる和室「富士」。12畳の広さがあるのでゆったり。下右／ロビーラウンジには、時折、宿のマスコットであるオス猫の「チコ」が遊びにくることも。

古屋旅館

ふるやりょかん

露天風呂　客室露天　日帰り　貸切り

のれんを守り200年。熱海最古の温泉旅館

創業文化三年（一八〇六）、熱海最古の温泉旅館。歓楽街からさほど離れていないが、周囲は驚くほど静かだ。熱海七湯のひとつ「清左衛門の湯」の源泉を所有し、大浴場はもちろん、露天風呂付き客室もすべて天然源泉のかけ流しの湯が二十四時間楽しめる。

館内には奇をてらった設備はないものの、歴史ある老舗旅館としての風格が漂う。マニュアルに捕われない、心の通った接客サービスも贅沢な気分にさせてくれる。

部屋はシンプルな数寄屋風造り。すべて十二・五畳以上あり、踏込みにも十分な広さを取ってあるのでゆったりと落ち着ける。ほとんどの部屋の造りを変えてあるのでリピーターにも好評。本物の贅沢を知る人におすすめの宿だ。

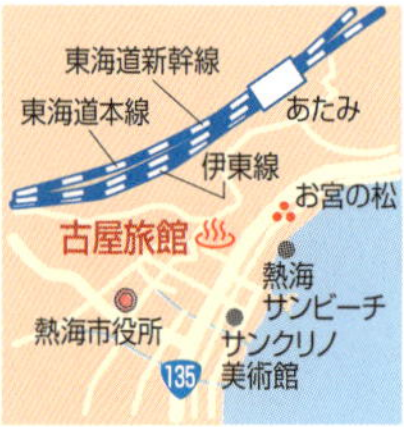

Tel 0557-81-0001　熱海市東海岸町5-24

【温泉DATA】

風呂	内風呂（男女各1）、露天風呂（男女各1）
泉質	ナトリウム・カルシウム-塩化物温泉
温度(源泉)	89.0℃
効能	神経痛、筋肉痛、関節痛、関節のこわばり、五十肩、やけど、打ち身、くじき、美肌効果、疲労回復ほか

【施設DATA】

日帰入浴	不可
宿泊料金	2万4300円～　IN14:00・OUT11:00
施　設	客室26、宴会場6、売店、会議室　駐車場／無料35台
URL	http://www.atami-furuya.co.jp

Access

【電車】

JR東海道本線熱海駅より徒歩13分

【車】

東名高速道路沼津ICより国道136号線経由60分

上／殿方用の大浴場。浴槽は檜。源泉からの配管距離を計算し、浴槽に注ぎこまれる時点で入浴に丁度良い温度になるよう設計されている。中／開放感溢れる殿方用の露天風呂。下左／古屋自慢の本格京風懐石料理。下右／専用露天風呂付き客室。湯船は、大きな御影石の原石を職人がくり抜いて、磨いて仕上げた特注の一枚岩風呂。

うみのホテル
中田屋

うみのほてる　なかだや

露天風呂　客室露天　日帰り　貸切り

万葉のロマン漂う日本三大古泉のひとつ

頼朝・政子ゆかりの地、伊豆山の麓に位置する創業二百年の老舗。弘法の湯、湯の香と名付けられた湯船には、万葉時代に発見された日本三大古泉（文化財指定）のひとつ「走り湯」の源泉から、濃厚な温泉がたっぷりと注がれる。

客室はすべてオーシャンビューで眺望抜群。露天風呂付きの客室も完備している。最上階にある相模湾が一望できる木造りの露天風呂は、時間帯によって貸切りも可能。家族や仲間同士でゆったりと温泉三昧を楽しみたい。

料理は新鮮な磯会席の他、高麗人参の金箔揚げや和風サムゲタン鍋などを取り入れた「和風会席薬膳」などバラエティー豊か。隣接する生簀料理専門店「漁火」では新鮮な海の幸が満喫できる。

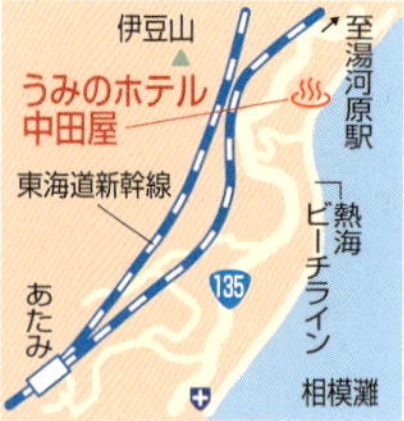

Access

【電車】
JR東海道本線熱海駅よりタクシーで5分

【車】
東名高速道路沼津ICより国道136号線経由60分

Tel 0557-80-5111　熱海市伊豆山599

【温泉DATA】

風呂	内風呂（男女各1）、露天風呂1（時間により男女入れ替え、時間帯により貸切りあり、打たせ湯1、寝湯1）、サウナ（男女各1）、足湯コーナー
泉質	カルシウム・ナトリウム-塩化物温泉
温度(源泉)	62.1℃
効能	切り傷、やけど、慢性皮膚病、虚弱児童、慢性婦人病ほか

【施設DATA】

日帰入浴	料金大人1200円・小学生以下600円、利用可能時間11:00～18:00
宿泊料金	1万5750円～　IN14:00・OUT10:00
施　設	客室22、宴会場5、売店、レストラン（木曜定休）、エステサロン、会議室2、カラオケスナック、卓球場　駐車場／無料20台
URL	http://www.tabi-ru.co.jp/yado/atami/nakadaya

上左／木の香が心地よい見晴らし抜群の展望露天風呂。上右／ホテルの裏手にある日本で唯一の横穴式温泉「走り湯」。見学は自由。中／大浴場「湯の香」。時間により男女入れ替えに。下左／薬学博士・松繁克道氏監修による身体にやさしい「和風会席薬膳」。下右／客室は全室相模湾に面している。和・洋・和洋・露天付きの4タイプを用意。

平鶴《ひらつる》

露天風呂　客室露天　日帰り　貸切り

砕ける波の飛沫が届きそうな露天岩風呂

網代湾に面した「海に浮かぶ天然露天風呂」が人気。地下三百《メートル》の源泉から直接、内風呂と露天風呂に引湯し、二十四時間かけ流している。毎晩十一時にすべてのお湯を落として掃除するので清潔だ。夜、波の音を聴きながら満天の星空を見上げれば、気分はすっかり夢心地。翌朝は四時から一番風呂を楽しめる。

客室はすべてオーシャンビューで、窓の外には一面に美しい網代湾が広がっている。料理は、目の前の網代漁港で水揚げされたばかりの旬の魚介をふんだんに使用。水産会社の経営する宿なので、美味しさは折り紙付きだ。

会場までの送迎バスとオーシャンフロントの特等席がついた「熱海海上花火大会プラン」も好評。

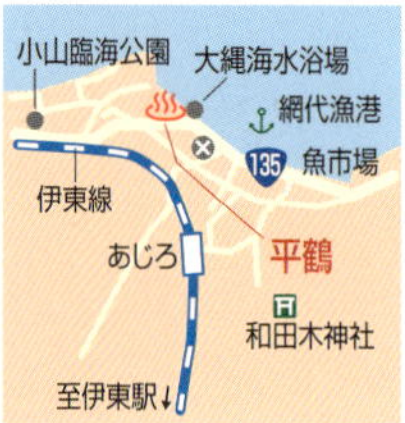

Access

【電車】
JR伊東線網代駅より徒歩5分

【車】
東名高速道路沼津ICより国道136号線経由90分

Tel 0557-67-2221　熱海市下多賀493

【温泉DATA】

風呂	内風呂（男女各1）、露天風呂（男女各1）
泉質	カルシウム・ナトリウム-塩化物温泉
温度(源泉)	59.0℃
効能	関節痛、美肌効果、疲労回復ほか

【施設DATA】

日帰入浴	料金大人1050円・小学生525円、乳児無料、利用可能時間11:00～16:00、18:00～20:00
宿泊料金	1万1000円～　IN14:00・OUT10:00
施　設	客室20、宴会場4、売店、レストラン、会議室、カラオケスナック、ゲームコーナー　駐車場／1日700円50台
URL	http://www.hiraturu.com

上／海に浮かぶ感覚が味わえる、ロケーション抜群の露天風呂。午後8時で殿方用・御婦人用が入れ替わる。中／鶴と亀の置き物がセットになった縁起の良い大浴場。下左／相模湾の厳選食材を使った豪快磯料理。旬の地魚もたっぷり味わえる。下右／畳コーナーを設けた和洋室。全室ウォシュレットのトイレを完備している。

網代温泉

磯舟ホテル

いそふねほてる

露天風呂　客室露天　日帰り　貸切り

七色に変化する美肌効果抜群のにごり温泉

濃厚な成分のにごり湯が楽しめる温泉ホテル。敷地内の自家源泉から湧き出すお湯は、日によって、透き通った緑色、緑白濁、時には土のような赤茶色など、刻々と色が変わる。鉄分の含有量や酸性度、アルカリ度などの変化に起因するそうだが、ここまではっきり変化するのは全国的にも例が少ないとか。塩分を多く含むため、入浴後の肌はツルツルに。ただし血行が非常に良くなるため飲酒直後の入浴は禁物だ。

　海岸線沿いの立地を生かし、部屋は全室オーシャンビュー。食事は隣接する「あじろ食堂」の小上がり席の個室で、新鮮な魚介の樽盛り付き海鮮会席を堪能。食堂の二階にも趣の異なる六つの貸切展望露天風呂を用意している。

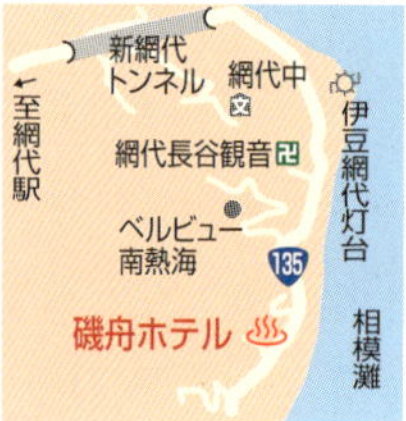

Access

【電車】
JR伊東線網代駅よりタクシーで7分

【車】
東名高速道路沼津ICより国道136号線経由90分

Tel 0557-67-1515　熱海市網代627-506

【温泉DATA】

風呂	内風呂（男女各1）、露天風呂（男女各1）、貸切り風呂6
泉質	カルシウム・ナトリウム-塩化物温泉
温度(源泉)	72.3℃
効能	神経痛、冷え症、リウマチ、切り傷、アトピー性皮膚炎、美肌効果ほか

【施設DATA】

日帰入浴	貸切大（4～5名）3675円、小（2名）2625円、日帰りカップルプラン有り　利用可能時間10:00～17:30　無休
宿泊料金	1万5900円～　IN14:00・OUT10:00
施　設	客室17、宴会場5、売店、レストラン　駐車場／無料40台
URL	http://www.ajiroonsen.com/

上／殿方用の大浴場「弘法の湯」。刻々と変化する七色の湯は、1リットル中に13gの成分を含む（家庭用湯船なら市販の入浴剤130袋に相当）というから驚き。中／あじろ食堂2階にある貸切り露天風呂。檜の浴槽が人気。下左／板長おすすめ料理は全14品。2名以上でお刺身の樽盛りがつく。下右／海を望むシンプルな標準和室。

網代観光ホテル

あじろかんこうほてる

露天風呂 客室露天 日帰り 貸切り

全館畳敷き。ペットと泊まれるくつろぎの宿

二〇〇四年に全館畳敷きの純和風旅館としてリニューアル。海が一望できる露天風呂付き客室もオープンした。五キログラム以下の小型室内ペットの同伴利用も可能(宿泊無料)。漁師町ならではの、くつろいだ雰囲気をたっぷりと満喫できる。

地下三百メートルの源泉から湧き上がる温泉は成分が濃く、湯治効果も高いと好評だ。新陳代謝を活発にするためカロリーが消費され、スポーツをしたときと同じ効果があり、ダイエットにも役立つとか。

食事は地元網代港に毎朝水揚げされる魚介類を盛り込んだ活魚料理が中心。その日によって、献立は変更される。徒歩二分の場所にある網代魚市場は自由に見学可能。朝食前の散歩に最適だ。

Access

【電車】

JR伊東線網代駅より徒歩4分

【車】

東名高速道路沼津ICより国道136号線経由90分

Tel 0557-68-2345　熱海市下多賀134

【温泉DATA】

風呂	内風呂（男女各1）、貸切り露天風呂1
泉質	カルシウム・ナトリウム-塩化物温泉
温度(源泉)	61.5℃
効能	神経痛、筋肉痛、関節炎、疲労回復、アトピー性皮膚炎、花粉症ほか

【施設DATA】

日帰入浴	料金大人1000円・子ども500円、3歳以下無料、利用可能時間 7:00～10:00、14:00～22:00　無休
宿泊料金	1万1000円～　IN14:00・OUT11:00
施　設	客室18、宴会場2、売店、会議室　駐車場／1日700円15台
URL	http://www.ajirokankou.com

上／海が一望できる、広々とした檜の露天風呂が付いた客室。ゆったりと贅沢な時間が過ごせると好評。中／畳の休憩スペースを設けた貸切り専用の半露天風呂。料金は1名50分1050円。下左／敷き詰められた畳が和んだ雰囲気を醸し出す玄関ロビー。左手奥にはソファーコーナーも。下右／荒々しい表情をみせる男性用の岩風呂。

旅館《りょかん》いな葉《いなば》

露天風呂　客室露天　日帰り　貸切り

大正時代の面影を残す登録有形文化財の宿

伊東市街を流れる松川の畔にある老舗旅館。大正年間に建てられた木造三階の建物は、平成十年に静岡県の登録有形文化財に指定された。一階のホールの欅の床板をはじめ、客室や廊下など選りすぐりの材料や匠の技が随所に。

温泉は自家源泉で四本所有し、そのうち二本を混ぜて丁度良い温度にしている。湧出量もたっぷりで、創業時から用いられている文福茶釜の口から、かけ流しの湯がとうとうと溢れ出ている。

湯上がりは、爽やかな川風が渡る広間や、旅館いな葉のシンボルでもある街が一望できる見晴台で、のんびりと過ごしたい。夕食は素材の旬を生かした味わい豊かな和食。部屋か料亭「芳味亭」いずれか選ぶことができる。

Tel 0557-37-3178　伊東市東松原町12-13

【温泉DATA】

風呂	内風呂（男女各1）、貸切り風呂2
泉質	カルシウム・ナトリウム-塩化物・硫酸塩温泉
温度(源泉)	51.4℃
効能	神経痛、関節痛、美肌効果、リウマチ、慢性消化器病ほか

【施設DATA】

日帰入浴	料金大人1000円・小学生以下500円、利用可能時間11:00〜16:00　火・金曜の午前中は休み
宿泊料金	1万3800円〜　IN15:00・OUT10:00
施　設	客室15、宴会場3、売店、レストラン、プール、喫茶コーナー、休憩用広間　駐車場／無料15台
URL	http://www.inaba-r.co.jp

Access

【電車】
JR伊東線伊東駅より徒歩8分

【車】
東名高速道路沼津ICより国道136号線経由80分

上／殿方用の大浴場。文福茶釜の湯口が歴史を感じさせる。中／食事処「芳味亭」でいただく四季の料理。下左／木造建築ならではの懐かしい風情が漂う1階ホール。建物は関東大震災の後に、当時炭屋を営んでいた稲葉惣次郎氏により建てられたと伝えられている。下右／障子や柱など、細部に至るまで趣向が凝らされた客室。

伊東温泉

伊東大和館

いとうやまとかん

露天風呂　客室露天　日帰り　貸切り

総檜造りの大浴場と四季を感じる露天風呂

伊東駅からほど近い閑静な街中に佇む日本情緒豊かな旅館。地下通路で結ばれた和風建築四階建の「福寿荘」と木造りの「末広荘」、離れ「宝寿庵」からなる。館内は木の温もりに溢れ、ロビーから眺める緑豊かな日本庭園も美しい。

お風呂は四つの源泉を合わせた混合泉で、いずれの浴槽も100％源泉かけ流し。大浴場は、湯船はもちろん、壁も天井もすべて檜造り。贅沢な気分が味わえる。巨岩を配した露天風呂は、周囲にブーゲンビリアが繁り、非日常の世界へと誘う。

夕食は月替りの会席料理または本物の炭を使った炭火会席料理を楽しめる。五穀や海草類をふんだんに使った低カロリーで身体に優しいメニュー「美福膳」も好評。

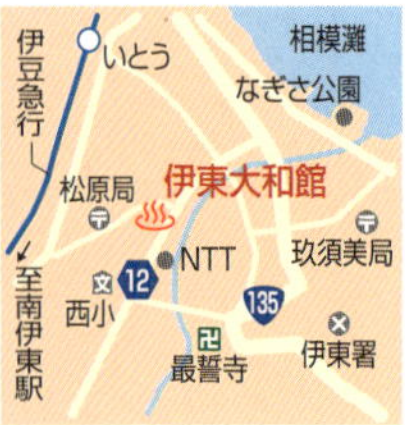

Tel 0557-37-3100　伊東市寿町1-1

【温泉DATA】

風呂	内風呂（男女各1・入替制）、露天風呂（男女各1・入替制・打たせ湯1）
泉質	単純温泉
温度(源泉)	51.0℃
効能	筋肉痛、関節痛、関節のこわばり、打ち身、くじき、疲労回復、冷え症ほか

【施設DATA】

日帰入浴	不可
宿泊料金	1万6950円～　IN15:00・OUT12:00
施　設	客室50、露天風呂付客室6、宴会場、売店、レストラン、エステサロン、会議室、クラブ　駐車場／無料60台
URL	http://www.ito-yamatokan.co.jp/

Access

【電車】

JR伊東線伊東駅より徒歩10分（送迎有・要予約）

【車】

東名高速道路沼津ICより国道136号線経由75分

上／総檜造りの大浴場「末広の湯」。すべての風呂が楽しめるよう、時間による男女入れ替え制となっている。中／荒々しい岩肌が印象的な野趣溢れる露天風呂「龍神の湯」。打たせ湯とバイブラ（気泡）湯も備えている。下左／贅を尽くした料理人自慢の季節料理（例）が味わえる。下右／広い露天風呂が付いたバリアフリールーム。

伊東温泉

マストランプ

ますとらんぷ

露天風呂　客室露天　日帰り　貸切り

満天の星を仰ぐ露天風呂。欧風料理も絶品

落ち着いた本館と木の香爽やかなログハウスからなり、部屋のタイプが全て異なっているのでリピーターにも好評。

風呂は檜風呂と岩風呂の二つの半露天風呂と、サウナも完備した巨石露天風呂。いずれも貸切り利用なのでのんびりくつろげる。小川のせせらぎを聞きながら満天の星を仰げば、心身共にリラックスすること請け合い。本館には専用露天風呂を備えた和洋特別室も用意している。

料理は欧風家庭料理が主体。伊東港に揚がる新鮮魚介のブイヤベースはオープン以来の人気メニューだ。宿泊者はオーナー所有のクルーザーボートで初島までの爽快なクルージング（一名五千円～、四名より受付）も体験できる。

Access

【電車】
JR伊東線伊東駅よりタクシーで3分

【車】
東名高速道路沼津ICより国道136号線経由70分

Tel 0557-37-2240　伊東市岡370

【温泉DATA】

風呂	内風呂2（貸切り）、露天風呂1（貸切り）、サウナ（男女各1）
泉質	カルシウム・ナトリウム-塩化物・硫酸塩温泉
温度(源泉)	53.0℃
効能	神経痛、筋肉痛、関節痛、関節のこわばり、腰痛、慢性婦人病、疲労回復、五十肩、運動麻痺ほか

【施設DATA】

日帰入浴	不可
宿泊料金	1万2000円～　IN15:00・OUT10:00
施　　設	客室5、ログハウス3棟　駐車場／無料12台
URL	http://www.mastlamp.com

上左／小川のせせらぎが心地良い、サウナ付きの巨石露天風呂。上右／貸切りの半露天風呂。中／ログハウスは3棟あり定員は2～6名。下左／ブイヤベースをはじめ、上品な味と彩りの欧風家庭料理が堪能できる。フランスやイタリアのワインも50種類以上揃う。下右／濡れ縁付きの和室と広い洋室に露天風呂も完備した和洋室。

音無の森 緑風園

おとなしのもり　りょくふうえん

露天風呂　客室露天　日帰り　貸切り

歴史の杜に抱かれた野趣溢れる野天風呂

源頼朝と八重姫のロマンスが伝わる音無神社の杜に隣接する宿。市街の喧噪から離れ、館内には穏やかな時間が流れている。

風呂はすべて自家源泉かけ流し。男女別大浴場のほか、木漏れ日がゆれる大野天風呂もある。貸切り風呂は広々とした湯船とリビングエリアが人気。家族やカップルでとっておきの時間を過ごせそうだ。客室は松川のせせらぎと音無の森の緑を楽しむ部屋や、伊東の街並みと海を眺める部屋など、様々なタイプを用意。

夕食は捕れたての地魚を炭火で楽しむ「地魚海鮮炭火焼き」と、季節の素材を味わう「和会席」の二コースから選ぶことができる。低カロリーの健康料理がついた長期滞在型の「湯治プラン」も好評。

Access

【電車】
JR伊東線伊東駅より徒歩12分

【車】
東名高速道路沼津ICより国道136号線経由80分

Tel 0557-37-1885　伊東市音無町3-1

【温泉DATA】

風呂	内風呂（男女各1）、露天風呂（男女各1）、貸切り風呂1、足湯1
泉質	アルカリ性単純温泉
温度(源泉)	44.0℃
効能	関節痛、腰痛、肩こり、疲労回復、睡眠障害、精神的リラックス、美肌効果ほか

【施設DATA】

日帰入浴	料金（180分）大人1000円・子ども500円、3歳以下無料、利用可能時間8:00〜9:30、13:30〜22:00　無休
宿泊料金	9800円〜　IN15:00・OUT11:00
施　設	客室31、宴会場3、売店、レストラン2、会議室、ギャラリー、プール、休憩用広間、スナック　駐車場／無料30台
URL	http://www.ryokufuen.com

上／森の緑に囲まれた女性用の露天風呂。中／専用露天風呂もある男性用大浴場。素足に当たる石の感触が心地良い。下左／伊東港水揚げの新鮮な地魚を炭火で豪快にいただく「地魚海鮮炭火焼き」。食事は広間だが、個室で食べたい場合は1000円追加で利用できる。下右／広々とした休憩スペースを設けた最上階の貸切り風呂。

伊東温泉

海風庭 えびな

かいふうてい　えびな

露天風呂　客室露天　日帰り　貸切り

海と風と庭を愛でるオーシャンビューの宿

伊東湾を望む地上六階建ての本館は全室オーシャンビュー。三階は畳敷きなので素足でくつろげる。

日本庭園の中には情緒溢れる海の別荘「離れ粋心亭」が十四棟。うち六棟は専用露天風呂付き。温泉は神経痛や筋肉痛などに効果のある弱アルカリ性の湯で肌にさらりとやわらかい。男女別にゆったりとした檜の露天風呂と大理石風呂を用意している。湯殿への専用エレベーターや内風呂・露天風呂浴槽に手すりを設置したり、入浴介助椅子を備えるなど、身体にも心にも優しい老舗旅館ならではの気遣いが嬉しい。

部屋出しで気兼ねなく味わえる、地元の旬の素材を使った和会席料理も評判。

Access

【電車】
JR伊東線伊東駅より徒歩12分

【車】
東名高速道路沼津ICより国道136号線経由80分

Tel 0557-37-3111　伊東市渚町5-12

【温泉DATA】

風呂	内風呂（男女各1）、露天風呂（男女各1）、打たせ湯（男女各1）
泉質	単純温泉
温度(源泉)	52.0℃
効能	神経痛、筋肉痛、関節痛、関節のこわばり、腰痛、やけど、打ち身、くじき、慢性消化器病、慢性皮膚病、リウマチ、冷え症ほか

【施設DATA】

日帰入浴	不可
宿泊料金	1万7850円～　IN15:00・OUT10:00
施　設	客室45、宴会場3、売店、アロマセラピーサロン、会議室、コーヒーラウンジ、クラブ　駐車場／無料35台
URL	http://www.ebina.co.jp

上／木の温もりと檜の心地良い肌触りが伝わる男子露天風呂「木洩れ日湯」。庭の緑も目に優しい。中／源泉かけ流しで打たせ湯もある大理石の男子大浴場。下左／季節毎に内容が替わる、海の幸を中心とした会席膳。下右／「離れ粋心亭」には露天風呂付き客室が6部屋。家族や仲間と水入らずで、のんびり温泉三昧が楽しめる。

北川温泉

つるや吉祥亭 本館・別館

つるやきっしょうてい　ほんかん・べっかん

露天風呂　客室露天　日帰り　貸切り

15種の湯処でくつろぐ天然温泉リゾート

伝統的な和の趣と、スパやフレンチ懐石などリゾートホテルのテイストを融合させた新感覚の温泉旅館。海岸沿いに位置する本館と、高台に位置するロケーション抜群の別館からなる。

露天風呂や内風呂はもちろん、ジャグジーから部屋の内湯に至るまで、湯量豊富な自家源泉を使用。檜風呂や海を眺める露天風呂など、本館・別館合わせて十五カ所ある湯処全てで愉しめる。女性は色浴衣で湯めぐりを。湯上がり処ではスポーツドリンクや静岡茶、夕方の生ビール、季節によりところてんや自然薯天城そばのサービスも行う。

別館のスパトリートメントでは、エアロゾールルームなど充実のトリートメントを体験できる。

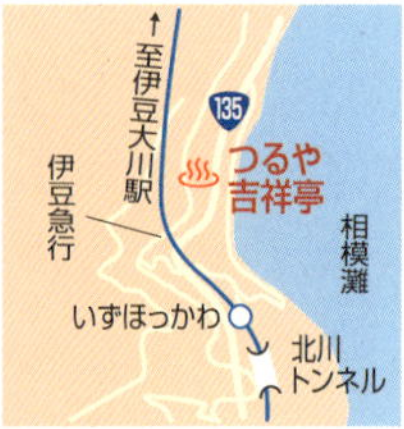

Access

【電車】
伊豆急行伊豆熱川駅より送迎バス約10分

【車】
東名高速道路沼津ICより国道136号線経由100分

Tel 0557-23-1212　賀茂郡東伊豆町北川温泉

【温泉DATA】

風呂	内風呂（男女各2）、露天風呂（男女各3）、貸切り風呂（ジャグジー・岩各2）、足湯1
泉質	ナトリウム・カルシウム-塩化物温泉
温度(源泉)	70.4℃
効能	神経痛、筋肉痛、関節痛、関節のこわばり、慢性婦人病ほか

【施設DATA】

日帰入浴	料金3465円〜（食事入浴セットプラン／要予約）
宿泊料金	1万6950円〜　IN14:00・OUT10:30
施　設	客室（本館47・別館30）、宴会場（本館6・別館1）、売店（本館1・別館1）、レストラン（本館1・別館1）、スパトリートメント（別館1）　駐車場／無料70台（本館50・別館20）
URL	http://www.tsuruya-kisshotei.com

上／別館裏手の小高い山腹に造られた、大海原を望むダイナミックな露天風呂「碧海」。中／本館の大浴場「天城路」。男女入れ替え制で24時間入浴できる。下左／別館の料理は箸でいただくフレンチ懐石。地の魚や県産和牛など、シェフのこだわりを堪能。下右／露天風呂付き客室。窓を開ければ目の前には紺碧の海が広がる。

北川温泉

星のホテル

ほしのほてる

露天風呂　客室露天　日帰り　貸切り

貸切りの露天風呂で雄大な眺望を独り占め

国道135号に面し、客室は全室オーシャンビュー。男女別の内湯と平成十七年二月にリニューアルオープンした貸切り露天風呂からも相模湾を一望できる。

七つある貸切り風呂は、サイズも様式もさまざま。岩風呂あり、檜風呂ありと、それぞれに趣向が凝らされているから、湯めぐりも楽しい。いずれの風呂にも北川の湯が贅沢にかけ流されている。

食事は海鮮炭火焼きが人気。季節の魚にイカ、さらに伊勢エビやアワビなど、素材そのものの味わいを豪快に楽しむことができる。ボリュームたっぷりなので、若い世代や家族連れには嬉しい限り。雄大な眺望と新鮮な海の幸、そして温泉。伊豆ならではの楽しみをカジュアルに満喫できる一軒だ。

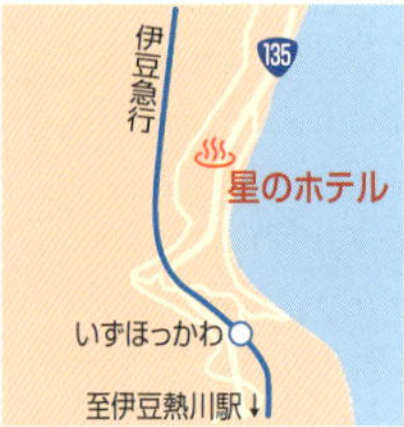

Access

【電車】
伊豆急行伊豆北川駅より徒歩15分

【車】
東名高速道路沼津ICより国道136号線経由100分

Tel 0557-22-0555　賀茂郡東伊豆町奈良本1205-116

【温泉DATA】

風呂	内風呂（男女各1）、貸切り露天風呂（混浴7）
泉質	ナトリウム・カルシウム-塩化物温泉
温度(源泉)	84.8℃
効能	神経痛、筋肉痛、関節痛、関節のこわばり、五十肩、やけど、運動麻痺、打ち身、くじき、慢性消化器病、慢性皮膚病、痔疾、疲労回復、切り傷、冷え症、虚弱児童、病後回復期、健康増進、慢性婦人病

【施設DATA】

日帰入浴	不可
宿泊料金	9900円～1万4000円　IN14:00・OUT10:00
施　設	客室21、宴会場、売店、クラブ、ラウンジ　駐車場／無料18台
URL	http://www.hoshinohotel.co.jp/

上／目の前に広がる眺望も貸切り。早起きすれば朝日を浴びながらの入浴も楽しめる。中／海からの風が心地いい檜の風呂。一人用から家族用まで湯船のサイズもいろいろ。下左／香ばしい香りが食欲をそそる海鮮炭火焼き。ほうとう鍋もここの名物。下右／24時間利用可能な貸切り風呂は時間制限もなし。心ゆくまで楽しめる。

黒根岩風呂

くろねいわぶろ

露天風呂　客室露天　日帰り　貸切り

上／屋根のない開放的な露天風呂。左／屋根付きもあるので雨天でも利用できる。下／北川温泉の眼前に広がる海岸。

視界180度の大海原。磯の香りの露天風呂

北川温泉旅館組合が経営する共同浴場。波しぶきがかかるほど海の近くにあり、お湯につかれば遥か水平線の彼方まで見渡せる。天気が良ければ大島の姿さえもくっきりと視野におさまる。三つの露天風呂はいずれも混浴。水着は不可だが、バスタオルを巻いての入浴は可能。毎日、夕方七時から九時は女性専用タイムとなる。

Tel 0557-23-3997（北川温泉観光協会）　賀茂郡東伊豆町奈良本

【温泉DATA】

風呂	露天風呂3
泉質	カルシウム・ナトリウム-塩化物温泉
温度(源泉)	70.4℃
効能	神経痛、筋肉痛、関節痛、リウマチ、冷え症、疲労回復ほか

【施設DATA】

日帰入浴	料金（60分）600円（北川温泉各館宿泊者は無料）、利用可能時間／朝の部6:30～9:30、夕の部16:00～23:00（金土日曜日は13:00～）　女性専用タイム19:00～21:00　無休
宿泊料金	宿泊不可
施　設	駐車場／無料15台
URL	http://www.hokkawa-onsen.com/kurone/kurone.html

Access

【電車】
伊豆急行伊豆北川駅より徒歩7分

【車】
東名高速道路沼津ICより国道136号線経由100分

温泉 column ①

開湯にまつわる伝説

弘法大師が杖で地面を突いたり、神仏からお告げがあったり、動物が傷を癒すのを見たなど、開湯にまつわる伝説は尽きない。県内の温泉にも面白いエピソードが残っているので紹介しよう。

●熱海温泉

約千五百年前のこと、海底から忽然と熱い温泉が湧き、魚も住めなくなった。それから二世紀半の後。鹿島大明神のお告げを受けた万巻上人は伊豆へ出向き、海辺に祭壇を作って薬師如来を祭り、祈り始めた。そして百日目の夜を迎えると、山鳴りや海鳴りとともに、今まで海中に噴出していた熱湯が、山の中腹から噴出するようになったという。これが熱海七湯のひとつ「大湯」になったとか。

●北川温泉

昭和の初期、鳥沢惣太郎という漁師が素潜りでサザエやアワビを捕っていた際、海藻のつかない不思議な岩をみつけた。もしやと思い、陸に上がって波打ちぎわの崖下を掘り進めると、見事、温泉が噴き出した。「黒根岩風呂」はこのときに造られた露天風呂である。

●熱川温泉

江戸城を築いたことで知られる室町期の名将・太田道灌公が狩りの途中、川で傷を癒す猿を見て温泉を発見。自身も湯を拝借し、疲れを癒したと伝えられる。

●蓮台寺温泉

約千三百年前、行基上人が夢で天狗のお告げを受けて開湯したとの伝説が残る。天狗の絵を本尊として祭る「下の湯権現」も現存。

●土肥温泉

土肥温泉発祥の湯「まぶ湯」は江戸時代、土肥金山の採掘中に湧き出したとされる。安楽寺の隣仙大和尚が病気にかかり、薬師如来尊にお参りをしたら、夢で「汝にいで湯を授けん」というお告げがあった。そこで洞窟内に湧く温泉に入浴したところ病気が治ったという。

●古奈温泉

「吾妻鏡」にも記される古奈温泉は伊豆山の走り湯、修善寺温泉と共に「伊豆三古湯」の一つに数えられる。奈良時代、行基上人が「善名寺」を建立した際、夢に導かれて境内を掘ったところ霊泉が湧き出したという。

熱川温泉

玉翠館
ぎょくすいかん

露天風呂　客室露天　日帰り　貸切り

故郷の心地良さ。8つの風呂で湯浴み三昧

大正三年創業の老舗湯宿。木の温もりに包まれた館内は、懐かしくて温かい故郷のような雰囲気で、思わず「ただいま」と言ってしまいそう。

温泉は二本の源泉をブレンド。風呂は南国情緒溢れる野天風呂や岩肌が野趣を盛り上げる噴湯の湯・長寿の湯をはじめ、檜のおがくず風呂、温泉の熱を利用した砂風呂、季節によって内容が変わる薬湯風呂、先頃登場した「さるのこしかけ」をつかったゲルマニウム温泉など全部で八種類。湯上り処で薬草茶を飲めたり、好きな帯と浴衣を選べたり（女性客限定）、朝はロビーに爽やかな梅抹茶を用意するなど、小さな旅館ならではの、気の利いたサービスがリピーターの心を掴んでいる。

Access
【電車】
伊豆急行伊豆熱川駅より徒歩1分
【車】
東名高速道路沼津ICより国道136号線経由100分

Tel 0557-23-2170　賀茂郡東伊豆町奈良本971-1

【温泉DATA】

風呂	内風呂（男女各1）、露天風呂1（貸切り）、打たせ湯1、砂風呂1、檜おがくず風呂1、寝湯1、薬湯1
泉質	ナトリウム-塩化物・硫酸塩温泉
温度(源泉)	99.4℃
効能	神経痛、慢性皮膚病、リウマチ、美肌効果ほか

【施設DATA】

日帰入浴	不可
宿泊料金	1万3650円～　IN15:00・OUT11:00
施　設	客室12、宴会場、売店、会議室　駐車場／無料12台
URL	http://www.gyokusuikan.co.jp/

上／トロピカルムードいっぱいの「南国野天風呂」。中左／檜の露天風呂「備長炭の湯」は半身浴に最適。中右／玉翠館名物の「檜おがくず風呂」。おがくずの発酵熱で新陳代謝を高め身体の芯からホッカホカに。下左／板さんが腕によりをかけた、伊豆ならではのおもてなし料理。下右／10畳の広さがある露天風呂付き客室。

懐かしの自然湯 熱川温泉

一柳閣

なつかしのしぜんゆ　あたがわおんせん　いちりゅうかく

露天風呂　客室露天　日帰り　貸切り

和とアジアンの融合。温泉のプロがいる宿

和の中にほんのりアジアンテイストが見え隠れする創業五十年の温泉宿。テーマは「リラクセーション」。温泉入浴指導員・温泉マイスター（県知事認定の温泉や健康に関する知識や技能を有した者）がいる宿として知られ、県のファルマバレー構想の「かかりつけ湯」のモデル施設にも選ばれている。

風呂は男女別の内湯に加え、ウッドデッキから相模灘の眺望が楽しめる「ウッディバンブーユー」など三つの貸切り露天風呂を用意。プライベートを重視した半露天風呂付きの畳敷きの和風ベッドルームも好評だ。

料理は伊豆の海の幸を盛り込んだ創作メニュー「海鮮キュイジーヌ」。シックな雰囲気の食事処「味庵料亭　竹の間」でいただく。

Access

【電車】
伊豆急行伊豆熱川駅より徒歩3分

【車】
東名高速道路沼津ICより国道136号線経由100分

Tel 0120-66-1133　賀茂郡東伊豆町奈良本987-1

【温泉DATA】

風呂	内風呂（男女各1）、露天風呂3（貸切り）、貸切り風呂1、サウナ1
泉質	ナトリウム-塩化物・硫酸塩温泉
温度(源泉)	99.4℃
効能	神経痛、筋肉痛、関節痛、関節のこわばり、慢性婦人病、五十肩、やけど、打ち身、くじき、慢性皮膚病ほか

【施設DATA】

日帰入浴	不可
宿泊料金	1万3650円～　IN15:00・OUT10:00
施　設	客室20、宴会場、売店、レストラン、カラオケルーム、卓球コーナー、足湯　駐車場／無料20台
URL	http://www.ichiryukaku.co.jp

上／伊豆熱川の祭事にちなみ、湯船で「大」の文字を象った「大文字露天風呂」。中小／色とりどりの女性用の浴衣。中大／青いタイルの湯船と細い竹の組み合わせがユニークな貸切り露天風呂「ブルームーン」。下左／伊豆の海の幸を盛り込んだ「黄色い花懐石」。下右／畳にベッドを置いた、海の見える露天風呂付き客室。

ホテル《ほてる》 志なよし《しなよし》

露天風呂　客室露天　日帰り　貸切り

湯量豊富な7種類の風呂と海鮮料理が自慢

熱川海水浴場の目の前に位置する温泉ホテル。風呂は密林の中のような野趣溢れる「大岩風呂」や、お肌がツルツルになる備長炭バイブラバス「若がえりの湯」、お茶のカテキンやビタミンCが溶け出した「お茶風呂」など全部で七種類とバラエティーに富む。最上階には眼前の大海原の絶景を一人占めできる、二つの貸切り展望風呂も用意。昇る朝日を眺めながらの一番風呂はまさに極楽気分だ。

客室は大島を目の前に臨む純和風の落ち着いた雰囲気。潮騒に耳を傾け、自然にどっぷりと浸ることができる。伊勢エビやアワビなど、海の幸を中心とした豪華な和食も自慢。献立は三カ月に一度替わる。クラブやカラオケルームなど、各種パブリック施設も充実。

Tel 0557-23-2260　賀茂郡東伊豆町奈良本983-1

Access

【電車】
伊豆急行伊豆熱川駅より徒歩5分

【車】
東名高速道路沼津ICより国道136号線経由100分

【温泉DATA】

風呂	内風呂（男女各1）、打たせ湯1、泡風呂1、お茶風呂1、貸切り風呂2
泉質	ナトリウム-塩化物・硫酸塩温泉
温度(源泉)	99.8℃
効能	神経痛、筋肉痛、関節痛、関節のこわばり、慢性婦人病ほか

【施設DATA】

日帰入浴	料金大人1050円・子ども525円、3歳以下無料、利用可能時間 15:00〜24:00、5:00〜9:00　無休
宿泊料金	1万500円〜　IN15:00・OUT10:00
施　設	客室35、宴会場4、売店、クラブ、カラオケボックス　駐車場／無料20台
URL	http://www.shinayoshi.co.jp

上左／野性味いっぱいの、ジャングルを模した「大岩風呂」。上右／大きな急須の中に茶葉を入れ温泉を注いだ「お茶風呂」。身体をすっぽり包み込む湯船が心地良い。中／最上階に設けられた貸切り展望風呂。陶器のほか、檜の湯船もある。下左／夕食には食べ切れないほどの海鮮料理が並ぶ。下右／海を望む眺望抜群の和室。

片瀬温泉

お宿しらなみ《おやど　しらなみ》

露天風呂　客室露天　日帰り　貸切り

露天風呂付き大浴場は部屋ごとの貸切り

片瀬海岸のほど近くにある全九室のこぢんまりとした宿。ほのぼのとした家庭的な雰囲気が好評で、大手旅行会社が選んだ「お客様満足度九十点以上の宿」にも挙げられている。

露天風呂付き大浴場は夕方まで一組ごとの貸切り。自家源泉かけ流しの湯を他人に気兼ねすることなく堪能できるのが嬉しい。ロビーや一階客室から、町指定重要文化財「はりつけの松」を借景にした日本庭園が眺められるので、風呂上がりに浴衣姿でのんびり散歩するのも楽しそう。

本館の部屋以外に趣のある二つの離れも用意され、静かな時間を満喫できる。部屋でいただく、板長自慢の地魚料理の美味しさも格別だ。

Access

【電車】
伊豆急行伊豆熱川駅より
タクシー3分

【車】
東名高速道路沼津ICより
国道414号線経由90分

Tel 0557-23-0886　賀茂郡東伊豆町片瀬575-7

【温泉DATA】

風呂	内風呂2（貸切り）、露天風呂（男女各1）、貸切り風呂1
泉質	ナトリウム・カルシウム-塩化物温泉
温度(源泉)	96.0℃
効能	神経痛、筋肉痛、関節痛、関節のこわばり、美肌効果、慢性婦人病、五十肩、やけど、運動麻痺、打ち身、くじき、慢性消化器病ほか

【施設DATA】

日帰入浴	不可
宿泊料金	1万5750円～　IN15:00・OUT10:00
施　設	客室9、宴会場　駐車場／無料8台
URL	http://oyado-shiranami.com

上／グループごとに50分間貸切りができる石造りの大浴場。露天風呂もついている。中／地魚を中心とした豪快な舟盛りが楽しめる日本料理。下左／紺碧の海と老松を借景に取り込んだ、趣豊かな日本庭園。池にはたくさんの鯉が泳いでいる。下右／本館から長い廊下を渡ってゆく離れの部屋。大浴場や貸切り家族風呂にも近い。

稲取温泉

稲取観光ホテル エメラルド七島

いなとりかんこうほてる　えめらるどななしま

露天風呂　客室露天　日帰り　貸切り

海を望む足湯や、畳敷きの露天風呂が人気

全館バリアフリーで車椅子でも安心して宿泊できる、全室オーシャンビューの大型観光ホテル。温泉は海底地下から地上に湧き出す弱塩泉と、天城山麓側から湧き出す単純泉をブレンドしている。ミネラル豊富でとりわけ美肌効果は抜群だとか。

男女別の露天風呂は真四角のカラー畳を敷き詰め、三つの湯船を配したユニークなデザイン。素足に心地良い感触が伝わってくる。海を眺めながら利用できる足湯も好評。ポカポカになった身体に、潮風が心地良い。

プライベートに温泉三昧を楽しみたければ、ここの守神である七福神の名前を冠した「大黒天」「布袋」「毘沙門天」という三つの貸切り家族風呂がおすすめ。

Tel 0557-95-1111　賀茂郡東伊豆町稲取1429

【温泉DATA】

風呂	内風呂（男女各1）、露天風呂（男女各2）、ジャグジー1、サウナ1、貸切り風呂3、足湯1
泉質	ナトリウム-塩化物温泉
温度(源泉)	83.6℃
効能	美肌効果、神経痛、筋肉痛、関節痛、関節のこわばりほか

【施設DATA】

日帰入浴	料金2800円～（食事とセットのプラン・30名様以上で受付）
宿泊料金	1万5900円～　IN15:00・OUT10:00
施　設	客室118、宴会場20、売店、レストラン2、会議室2、ギャラリー、プール、喫茶コーナー、居酒屋、カラオケボックス、クラブ、ゲームコーナー　駐車場／無料100台
URL	http://www.inakan.com

Access

【電車】
伊豆急行伊豆稲取駅より送迎バス5分

【車】
東名高速道路沼津ICより国道414号線経由90分

上／建物最上階の畳敷きの露天風呂「弁財天の湯」。ユニークなデザインが目を引く。陶器の湯船の奥に檜風呂もある。中／ガラス窓越しに海が一望できる、大理石の展望大浴場。下左／アサヒガニや地金目の煮付け・しゃぶしゃぶなど、稲取ならではの新鮮な魚介が堪能できる。下右／オーシャンビューのすっきりとした標準和室。

KKR稲取

けーけーあーる いなとり

露天風呂　客室露天　日帰り　貸切り

地魚料理が自慢。夕日を眺めて温泉三昧

国家公務員向けの共済保養施設だが、一般の人も利用可能。ゲームコーナーなど遊戯施設はないが、その分、静かで落ち着いた時間を過ごすことができる。

敷地内にある自家源泉から蒸気と共に湧き出す湯は、湯冷めしにくく、やわらかいと評判。荒々しい岩の表情が印象的な大浴場からは相模灘を一望に。真っ赤な夕日に染まる海を眺めながら、温泉三昧にひたろう。

部屋は全室百八十度パノラマのオーシャンビュー。食事は部屋出しで、旬の地魚を中心とした和食が楽しめる。時期によってはマンボウの皮など珍味も登場。旬の地魚プランや伊勢エビ丸ごと一匹付きのゴージャスプランなど、各種宿泊プランも充実している。

Access

【電車】
伊豆急行伊豆稲取駅より
タクシー5分

【車】
東名高速道路沼津ICより
国道414号線経由90分

Tel 0557-95-2577　賀茂郡東伊豆町稲取1957-1

【温泉DATA】

風呂	内風呂（男女各1）、貸切り風呂1
泉質	ナトリウム・カルシウム-塩化物・硫酸塩温泉
温度(源泉)	85.6℃
効能	神経痛、筋肉痛、関節痛、関節のこわばり、打ち身、くじき、冷え症、疲労回復ほか

【施設DATA】

日帰入浴	不可
宿泊料金	1万円～　IN15:00・OUT10:00 毎月第2木曜日定休（8月は無休）
施　設	客室33、宴会場3、売店、カラオケスナック　駐車場／無料35台
URL	http://www5.ocn.ne.jp/~kkr-ina/

上／岩の感触がワイルドな展望大浴場。2つの浴槽には温度の違う湯が張ってある。窓越しに自家源泉のやぐらが見える。中／海を眺めながら、家族水入らずで入浴タイムが楽しめる貸切り風呂。夜はイカ釣り船の漁り火も美しい。下左／伊豆近海の旬の地魚をふんだんに使った季節の日本料理。下右／部屋は全室オーシャンビュー。

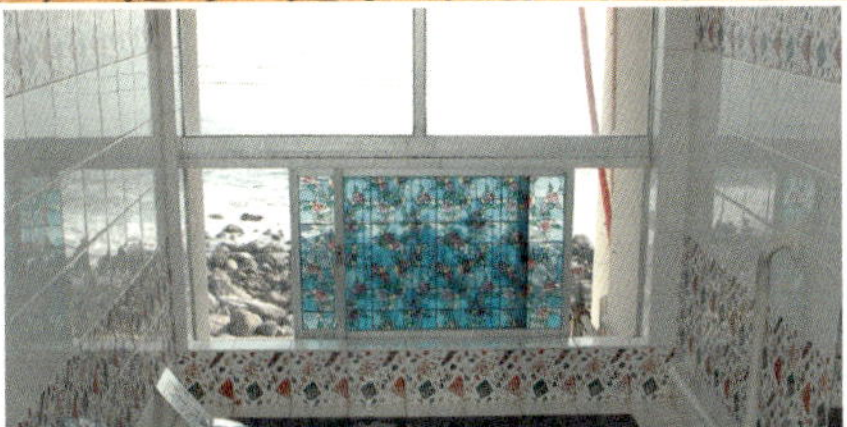

菊水館
きくすいかん

露天風呂 客室露天 日帰り 貸切り

本格クアハウス付きの滞在型温泉リゾート

「三菊の湯」「東雲の湯」という二本の自家源泉を持つ滞在型温泉宿。天然温泉を利用したクアハウスがあり、温泉利用指導者による近代的な保養を体感できる。

男女別の「バーデゾーン」には、ジャングル風呂、打たせ湯、半身浴など七種類の浴槽を用意。水着利用の「アクアゾーン」には冬でも使える温泉プールをはじめ、二つのジャクージ、ドライ・ミストサウナ、開放的な野天浴などがある。敷地内には、エアロバイクや体力測定機器を備えたトレーニングルームも完備。

食事制限や料理の嗜好に応じた献立を提供するオーダーステイプランや、贅沢な離れの部屋で過ごすエステ付きのくつろぎプランも好評だ。

Access

【電車】
伊豆急行河津駅より修善寺方面行きバス10分

【車】
東名高速道路沼津ICより国道414号線経由90分

Tel 0558-32-1018 賀茂郡河津町峰439-1

【温泉DATA】

風呂	内風呂（男女各1）、露天風呂2、ジャクージ2、サウナ2、かぶり湯（男女各1）、全身浴（男女各1）、部分浴（男女各1）、打たせ湯（男女各1）、寝湯（男女各1）、圧注浴（男女各1）、箱むし（男女各1）
泉質	塩化ナトリウム単純温泉
温度(源泉)	三菊の湯93.0℃、東雲の湯73.0℃
効能	神経痛、筋肉痛、関節痛、関節のこわばり、腰痛、五十肩ほか

【施設DATA】

日帰入浴	料金大人2000円・小学生1500円、小学生未満800円、利用可能時間10:00～18:00　無休
宿泊料金	1万4700円～　IN14:00・OUT10:00
施　設	客室26、宴会場、売店、レストラン、エステサロン、プール、トレーニングルーム　駐車場／無料30台
URL	http://www.izu-onsen.com/kikusui

上／南国ムード満点の「ジャングル風呂」。半身浴もできるようになっている。右上／水着で利用できる「ジャクージスパ」。右中／二人で対面して入浴できる「カップルジャクージスパ」。リラクセーション効果が期待できる。右下／源泉の湯で米を炊いた「源泉ぞうすい」の朝食。下左／東館屋上にある貸切り展望露天風呂「満天の湯」。

峰温泉

河津・花小町

かわづ・はなこまち

露天風呂　客室露天　日帰り　貸切り

全8部屋のゆったりとした女性好みの宿

河津川の近くに佇む源泉かけ流しの旅館。平成十七年四月に客室を増設し、リニューアルオープンした。延べ床約三百六十坪に八室というゆとりの造りが女性客に好評。天然木をふんだんに使った館内は温かみに溢れ、内装はほんのりと色づく桜をイメージさせる。

内風呂は桜御影石風呂と古代檜風呂の二つ。露天風呂は部屋ごとの貸切り（有料）となっている。八畳の専用露天岩風呂が付いた客室も人気だ。一部の客室からは河津桜並木が見え、満開の季節には見事な景色も。板長が腕によりをかけた料理は、地元の新鮮な魚介類や天城山の山菜、自家栽培の無農薬有機野菜を使ったこだわりのメニュー。季節の釜飯と信州の熟成味噌の味噌汁は絶品。

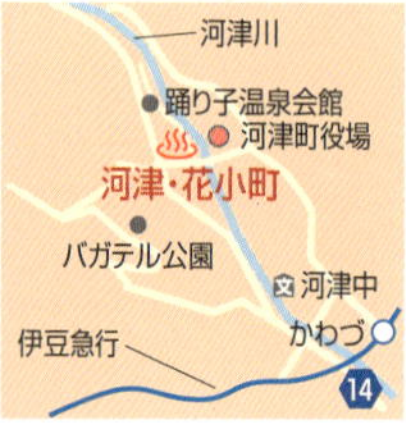

Access

【電車】
伊豆急行河津駅より修善寺方面行きバス10分

【車】
東名高速道路沼津ICより国道414号線経由90分

Tel 0558-32-2112　賀茂郡河津町峰513-1

【温泉DATA】

風呂	内風呂（男女各1）、露天風呂1（貸切り）
泉質	低張性・弱アルカリ泉
温度(源泉)	64.1℃
効能	神経痛、筋肉痛、関節痛、五十肩、運動麻痺、関節のこわばり、打ち身、くじき、慢性消化器病、痔疾、冷え症、疲労回復ほか

【施設DATA】

日帰入浴	料金（120分）大人1000円　不定休（要予約）
宿泊料金	1万3800円～　IN15:00・OUT10:30
施　設	客室8、宴会場、売店　駐車場／無料12台
URL	http://www.kw-hana.com

上／天城山から切り出した古代檜の風呂。他に桜御影石風呂もある。中／客室専用の露天岩風呂。下左／優しい色使いとデザインが印象的な1階ロビー。湯上がりに足を伸ばしてくつろげる畳の休憩処も用意。下右／10畳と8畳の2間続きになった露天風呂付き客室。陶器や檜、岩など部屋ごとに湯船に趣向が凝らされている。

湯ケ野温泉

福田家《ふくだや》

露天風呂　客室露天　日帰り　貸切り

昔ながらの情緒が残る「伊豆の踊子」の宿

河津川の畔に佇む創業明治十二年の老舗旅館。建物全体にタイムスリップしたような懐かしい風情が漂う。ノーベル賞作家川端康成の小説『伊豆の踊子』の中に登場する宿のモデルとしても知られ、学生の「私」（康成）が宿泊し踊子と五目並べをした部屋は、当時のまま「踊子の1」という名で残っている。宿帳には太宰治、井伏鱒二といった文豪の名も。

風呂は三つあり、いずれも「家族入浴中」の札をかけて貸切りに。川端康成のお気に入りだったという樫の木のマス風呂は、百二十数年の歳月に耐え、今も湯船からとうとうと温泉が溢れる。ガラス張りの明るい内風呂や、四季折々の景色を楽しめる自然の景観を生かした露天岩風呂も情緒豊か。

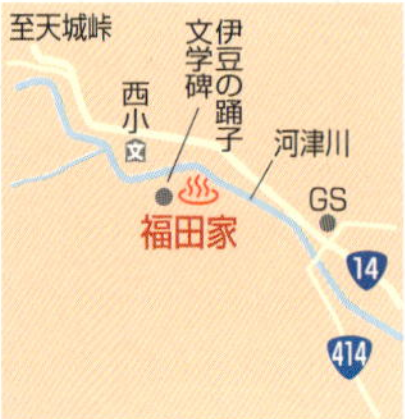

Tel 0558-35-7201　賀茂郡河津町湯ケ野236

【温泉DATA】

風呂	内風呂2（男女各1・貸切り可能）、露天風呂1（貸切り可能）
泉質	含食塩芒硝温泉
温度(源泉)	39.0℃
効能	神経痛、筋肉痛、美肌効果、疲労回復ほか

Access

【電車】
伊豆急行河津駅より河津七滝方面行きバス15分

【車】
東名高速道路沼津ICより国道414号線経由85分

【施設DATA】

日帰入浴	料金（40分）大人700円・子ども500円、洗髪料300円　無休
宿泊料金	1万2000円～　IN15:00・OUT10:00
施　設	客室10、宴会場、ギャラリー、休憩用広間　駐車場／無料7台
URL	http://www4.ocn.ne.jp/~hukudaya/

上／120年以上の歳月に耐えてきた槙のマス風呂。源泉から自然の力でそのまま流しているので、建物の1階から一段下がった位置に造られている。中／緑の草木に包まれた露天岩風呂。下左／玄関ロビーには川端康成の直筆や映画「伊豆の踊子」の撮影風景の写真などが飾られている。下右／小説のモデルになった部屋「踊子の1」。

観音温泉

伊豆・奥下田
飲泉、自家源泉かけ流しの宿

観音温泉《かんのんおんせん》

露天風呂　客室露天　日帰り　貸切り

絹のような肌ざわりを持つ奥下田の秘湯

湯治場の面影を残す横川温泉から、稲生沢川の支流を車でたどること十分。天城連山の懐深く、およそ三十万坪もの敷地を有する観音温泉に到着する。

創設者の枕元に立った観音様のお告げにより掘り当てられたというこの温泉は、pH9・5の強アルカリ性。絹のようななめらかな肌ざわりが特徴で、美肌の湯として全国にも知られている。飲用すれば、消化器系の疾患や便秘に効果があるという。新館「ピグマリオン」では、すべての客室に檜や信楽焼など、趣の異なる露天風呂を用意。日常を離れて穏やかな時間を過ごすことができる。

源泉水で仕込んだ会席料理も好評。体の外から内からリフレッシュできる一軒だ。

Access
【電車】
伊豆急行伊豆急下田駅より送迎バス20分
【車】
東名高速道路沼津ICより国道414号線経由90分

Tel 0558-28-1234　下田市横川1092-1

【温泉DATA】

風呂	内風呂（男女各2）、露天風呂（男女各2）、ジャグジー（男女各1）、打たせ湯2、露天風呂付き客室18、ジャグジー、サウナ（男女各1）
泉質	アルカリ性単純泉
温度(源泉)	51℃
効能	神経痛、筋肉痛、関節痛、関節のこわばり、腰痛、婦人病、五十肩ほか

【施設DATA】

日帰入浴	料金（120分）大人1000円、子ども500円、利用可能時間12:00～18:00（檜風呂15:00～18:00）　不定休
宿泊料金	本館1万3800円～、新館3万4000円～　IN15:00・OUT10:00
施　設	客室46、宴会場3、売店、休憩用個室（有料）　駐車場／無料50台
URL	http://www.takinogawa.net/

上／天城連山を望む「星空の満天露天風呂」。豊かな自然と一体に。中／露天風呂付きの客室「竹の間」。清々しい風が吹き抜ける。下左／伊豆の天然檜が香る「大総檜風呂」。下中／「月の間」の客室風呂。客室の風呂も源泉かけ流し。下右／伊豆の幸が揃う会席も楽しみ。釜飯をはじめすべての料理に源泉水が使われる。

蓮台寺温泉

旅館《りょかん》
弥五平《やごへい》

露天風呂　客室露天　日帰り　貸切り

歴史ある温泉郷で素朴な湯にひたる

千三百年ほど前、諸国を行脚していた行基によって発見されたと伝えられる蓮台寺温泉。明治六年創業の弥五平は当地における温泉旅館の草分け的存在で、九代目女将が今もその伝統を真摯に守り続けている。

　ここの名物は、温度別に四つのマス目に区切られた「薬師の湯」。湯口は湯船の底にもあり、時折ぼこぼこと湯が湧き出ている。ここに宿泊したという清水の次郎長も、熱めの湯に身を沈め、旅の疲れを癒したのかもしれない。普段は男湯だが、空いていれば女性の利用も可能だ。

　建物が醸す温かみといい、女将の飾らない人柄といい、派手さはないが、素朴な旅情がじわじわと心に染みる温泉宿である。

Access

【電車】
伊豆急行伊豆急下田駅より蓮台寺行きバス10分

【車】
東名高速道路沼津ICより国道414号線経由110分

Tel 0558-22-2202　下田市蓮台寺337-1

【温泉DATA】

風呂	内風呂（男女各1）
泉質	単純温泉
温度(源泉)	49.1℃
効能	神経痛、筋肉痛、関節痛、関節のこわばり、腰痛、婦人病、五十肩、高血圧、運動麻痺、慢性皮膚病、美肌効果、打ち身、疲労回復、冷え症、切り傷、リウマチ

【施設DATA】

日帰入浴	料金大人500円、子ども300円、利用可能時間10:00～20:00、無休
宿泊料金	7000円～　IN15:00・OUT10:00
施　設	客室13、宴会場、プール　駐車場／無料10台以上
URL	なし

上／シンプルなつくりの風呂だが足繁く通うファンが多い。中／通りからやや奥まった場所にあり、静かな環境。すぐ隣には吉田松陰が滞在した茅葺きの建物が往時のまま残されている。下左／女湯はタイル貼り。肌ざわりの良い無色透明の湯は、特に皮膚病に効果があるそうだ。下右／館内にはどこか懐かしさが漂う。

蓮台寺温泉

ゆばた
花月亭
ゆばた　かげつてい

露天風呂　客室露天　日帰り　貸切り

湯量豊富な温泉と優美な庭園が寛ぎを演出

四季折々の美しさを見せる三百坪の日本庭園を囲むように、数寄屋造りの建物が配された純和風旅館。下田の温泉すべてを賄う蓮台寺温泉の源泉にもっとも近いことから、「ゆばた」の屋号を名乗っている。

古くからの温泉地として知られるが、今なお豊富な湯量を誇り、風呂はすべてかけ流し。ふたつの大浴場は御影石と檜の造りで、風雅な印象を漂わせている。一転、露天は三波石で組み上げられ、野趣に富んだ趣。客室の風呂にも温泉が供給され、温泉の醍醐味を存分に楽しませてくれる。湯上がり処から庭園を眺めて湯ざましを。

館内に行き届くもてなしの心は日本旅館ならではのもの。心潤す寛ぎを演出している。

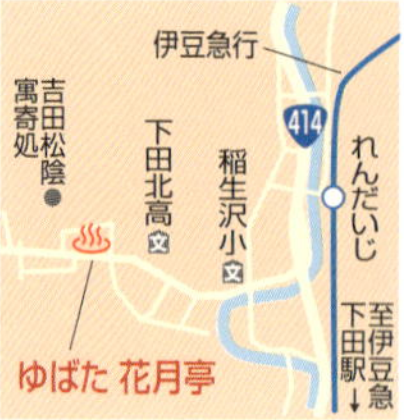

Access

【電車】

伊豆急行伊豆急下田駅より蓮台寺行きバス10分

【車】

東名高速道路沼津ICより国道414号線経由90分

Tel 0558-22-2244　下田市蓮台寺273-2

【温泉DATA】

風呂	内風呂（男女各1）、露天風呂（男女各1）
泉質	単純温泉
温度(源泉)	48.5℃
効能	神経痛、筋肉痛、関節痛、関節のこわばり、腰痛、五十肩、運動麻痺、慢性皮膚病、打ち身、疲労回復、リウマチ、冷え症

【施設DATA】

日帰入浴	不可
宿泊料金	2万1000円～4万2000円　IN15:00・OUT10:00
施　設	客室24、宴会場3、売店1　駐車場／無料20台
URL	http://www.yubata-kagetsutei.com/

上／天然温泉がこんこんと注がれる大浴場「檜風呂」。時間により、「石風呂」と男女が入れ替わる。中／御影石造りの「石風呂」。外には三波石で組み上げられた露天が続く。下左／すべての客室から、大きな池を有する優美な日本庭園を眺めることができる。下右／創業は昭和2年。細やかな気配りが、そこかしこに感じられる。

河内温泉

千人風呂 金谷旅館

せんにんぶろ　かなやりょかん

露天風呂　客室露天　日帰り　貸切り

老若男女を魅了する、日本一の総檜大浴場

創業は江戸末期。金谷山を背に、緑豊かな敷地に佇む老舗旅館には魅力ある風呂がそろう。

まずはここの代名詞ともなっている「千人風呂」。大正四年に建てられたこの風呂は長さ十五《メートル》、幅五《メートル》、最深部一《メートル》と、日本一の規模を誇る総檜風呂である。平成三年には、木造の女湯としては国内最大の「万葉の湯」が完成。打たせ湯や気泡湯を備えた露天風呂も、立ち寄りで利用可能。宿泊客向けの「一銭湯」という貸切り風呂もあり、すべての風呂には、敷地内で汲み上げられた自家源泉がたっぷりとかけ流されている。

仲間同士で無邪気に楽しむもよし。貸切りの家族風呂でのんびり寛ぐもよし。温泉のいろいろな楽しみ方が見つけられそうだ。

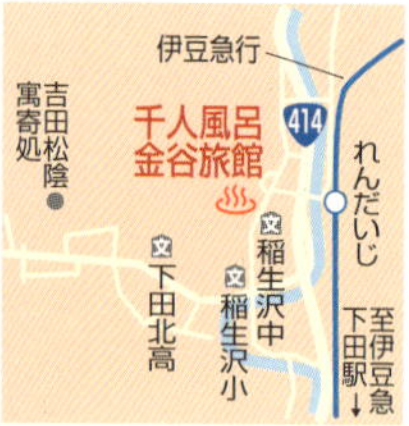

Access

【電車】
伊豆急行蓮台寺駅より徒歩4分

【車】
東名高速道路沼津ICより国道414号線経由110分

Tel 0558-22-0325　下田市河内114-2

【温泉DATA】

風呂	内風呂（混浴1、女1）、露天風呂（男女各1）、貸切り風呂2、打たせ湯2、泡風呂2
泉質	単純泉
温度(源泉)	55℃
効能	運動麻痺、美肌効果、疲労回復、リウマチ、神経症、神経麻痺、病後回復

【施設DATA】

日帰入浴	料金（120分）大人1000円、子ども500円、利用可能時間9:00～22:00　無休（ただし平日の午前は掃除等あり）
宿泊料金	1万5900円～2万6400円　IN14:00・OUT10:00
施　設	客室13、天文台、ダンスホール（ギャラリー、卓球場兼用）　駐車場／無料50台
URL	http://homepage2.nifty.com/kanaya/

上／おもに男湯として利用されている「千人風呂」だが、混浴も可能だ。中／料理は下田の海産物をはじめ、地の素材を中心に。調理には温泉が使用される。下左／露天風呂は男女別に用意。打たせ湯と気泡湯を備えている。下右／昭和4年に建造された本館の客室。職人の丁寧な仕事ぶりをうかがわせる。

下賀茂温泉

伊古奈

いこな

露天風呂　客室露天　日帰り　貸切り

豊かな自然に抱かれた情緒溢れる源泉の宿

下賀茂の中心を流れる青野川。その川畔に位置する伊古奈は、数寄屋造りの老舗宿だ。四万三千坪もの広大な敷地を有し、春なら八十種にもおよぶ満開のツツジ、秋には山々を埋める紅葉と、四季折々の美しさを見せてくれる。

敷地内には源泉も保有する。泉温が92・4度と高いため、温度調節のための加水がなされるが、戦時中に多くの軍人がリハビリに訪れたことからも、その効能は折り紙付き。豊かな緑に包まれた露天風呂や、新館の客室「椿殿」滞在者だけが利用できる貸切り風呂には、源泉から直接引かれた湯がなみなみと注がれている。

近年は近隣のフィットネスクラブと提携し、滞在型の温泉療養を提案している。

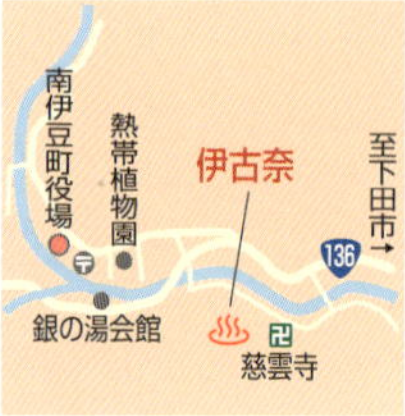

Access

【電車】
伊豆急行伊豆急下田駅より下賀茂行きバス25分

【車】
東名高速道路沼津ICより国道414号線経由120分

Tel 0558-62-0030　賀茂郡南伊豆町下賀茂422

【温泉DATA】

風呂	内風呂（男女各2）、露天風呂（男女各1）、貸切り風呂2、サウナ（男女各1）
泉質	ナトリウム・カルシウム-塩化物温泉
温度(源泉)	92.4℃
効能	神経痛、筋肉痛、関節痛、関節のこわばり、腰痛、婦人病、五十肩ほか

【施設DATA】

日帰入浴	料金（食事付き、20名以上）5250円、利用可能時間11:30〜14:30　無休
宿泊料金	1万6800円〜　IN14:30・OUT10:30
施　設	客室42、宴会場5、売店、エステサロン3、会議室、カラオケルーム　駐車場／無料30台
URL	http://www.ikona-spa.com/

上左／本館1階にある大浴場「嵯峨」の露天風呂。上右／山頂露天風呂「銀河の湯」。中／別館の客室「志野の間」。下左／できる限りオーガニックの素材を使うなど、体に優しい料理を心掛けている。下右／温泉ふかし箱が置かれ、ふかしたての野菜や玉子を味わえる。

下賀茂温泉

花のおもてなし 南楽

はなのおもてなし　なんらく

露天風呂　客室露天　日帰り　貸切り

趣向を凝らした25の風呂で湯三昧を愉しむ

青野川の清流に面した民芸の宿。玄関に一歩足を踏み入れると、外観からは想像もつかない、情緒ある日本庭園と地元作家の作品をはじめとする和のしつらいが、温かく迎えてくれる。

バラエティーに富んだ風呂も、この宿の大きな魅力。三本の専用源泉から良質な湯がたっぷり注がれる大風呂から、陶芸品や天然木を用い品良くまとめられた貸切り風呂まで、その数、実に二十五。一部の浴場は立ち寄りでも楽しめるが、ここはぜひ宿泊して趣向を凝らした風呂の数々を堪能したい。

温泉のあとは、重厚な木組みが印象的な「智里庵」で果実酒のカクテルを楽しんだり、エステで癒されたり。ゆったりしたひとときが日常を忘れさせてくれる。

Access

【電車】

伊豆急行伊豆急下田駅より送迎バス15分

【車】

東名高速道路沼津ICより国道414号線経由120分

Tel 0558-62-0171　賀茂郡南伊豆町下賀茂130-1

【温泉DATA】

風呂	内風呂2(男女入替え)、露天風呂5(男女入替え)、貸切り風呂10、足湯
泉質	ナトリウム・カルシウム-塩化物温泉
温度(源泉)	73.3℃
効能	神経痛、筋肉痛、関節痛、関節のこわばり、腰痛、婦人病、五十肩、やけど、高血圧、運動麻痺、打ち身、くじき、慢性消化器病ほか

【施設DATA】

日帰入浴	料金（90分）大人1500円、子ども800円、利用可能時間16:00～20:00　無休
宿泊料金	2万6565円～　IN14:00・OUT11:00
施　設	客室39、宴会場4、売店、エステサロン、ギャラリー、甘味処　駐車場／無料50台
URL	http://www.nanraku.com/

上／自然と溶け合うような幻想的な雰囲気の「檜の露天風呂」。中左／「陶芸の湯」は大きな瓶の内湯と露天がひと続きになっている。中右／緑に囲まれた「宮の湯」は、開放感溢れる大浴場。下左／彩り豊かな懐石料理を堪能できる。下右／昔の民家を再現したエントランス。心がほっと落ち着く空間だ。

下賀茂温泉

ホテル 河内屋

ほてる　かわちや

露天風呂　客室露天　日帰り　貸切り

青野川河畔の老舗で温泉の醍醐味を満喫

なだらかな山々を背後に、落ち着いた風情を漂わせる純和風の温泉宿。家庭的なもてなしと自慢の温泉で旅の疲れを癒してくれる。

敷地内にある源泉からは百度近い高温の湯が豊富に湧き出し、開放的な大浴場や自然石で組まれた露天風呂に豊富にかけ流されている。塩分を持つその湯は、新陳代謝を促し肌の老廃物の排出を助けるため、神経痛や関節の痛みなどに加え、皮膚炎にも効果があるそうだ。また源泉から風呂までの距離が近く、深さも二十六《メートル》と浅いことからマイナスイオンの発生量も多い。

南伊豆の海の幸と旬の素材を中心とした料理も楽しみ。ホームページではお得な宿泊プランが紹介されている。

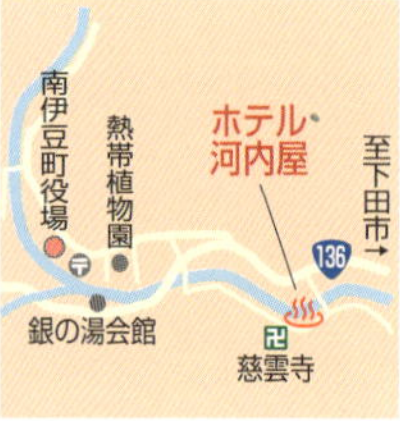

Access

【電車】
伊豆急行伊豆急下田駅より下賀茂行きバス25分

【車】
東名高速道路沼津ICより国道414号線経由150分

Tel 0558-62-1234　賀茂郡南伊豆町下賀茂436-1

【温泉DATA】

風呂	内風呂（男女各1）、露天風呂（男女各1）
泉質	ナトリウム・カルシウム-塩化物温泉
温度(源泉)	97℃
効能	神経痛、筋肉痛、関節痛、関節のこわばり、腰痛、婦人病、五十肩、やけど、運動麻痺、打ち身、くじき、慢性消化器病、慢性皮膚病ほか

【施設DATA】

日帰入浴	料金大人1000円、子ども500円、利用可能時間15:00～20:00 不定休
宿泊料金	1万2000円～　IN15:00・OUT10:00
施　設	客室24、宴会場2、売店、会議室（ロビー兼）、クラブ・喫茶　駐車場／無料40台
URL	http://www.kawatiya.net/

上／杖いらず、医者いらずといわれる下賀茂の温泉。湯量が豊富なので、24時間かけ流されている。中／清潔感のある館内。和の落ち着きが心地良い。下左／伊勢エビ、金目鯛など南伊豆ならではの味覚を楽しめる。「海会席」が好評。下右／本館の客室。旅装を解いたら、青野川沿いを散策するのもいい。

牧水荘 土肥館

ぼくすいそう　といかん

露天風呂　客室露天　日帰り　貸切り

土肥随一の湯量を誇る、牧水ゆかりの宿

土肥の地をこよなく愛した歌人、若山牧水が好んで逗留したことで知られる宿。老舗ならではの深みのあるもてなしに加え、土肥一の湯量を誇る温泉が自慢だ。

西伊豆最大のスケールを持つ「大野天風呂」は、ゴムの木や巨石を配した野趣溢れるつくり。天然サウナのような「洞窟風呂」、三つの貸切り風呂など、全部で七種の風呂を満喫できる。平成十七年十月には、露天風呂を備えた二つの特別室がオープン。100%かけ流しの湯を部屋にいながらにして楽しめるようになった。

客室は用途に合わせ十三タイプ、三十六室を用意。料理長みずからが厳選した新鮮な魚介をはじめ、旬の素材が盛り込まれた料理を目当てに訪れる常連客も多い。

Access

【電車】
伊豆箱根鉄道修善寺駅より松崎行きバス50分

【車】
東名高速道路沼津ICより国道136号線経由70分

Tel 0558-98-1050　伊豆市土肥289-2

【温泉DATA】

風呂	内風呂（男女各1）、露天風呂（男女各1、季節により一部循環）、貸切り風呂3、洞窟風呂
泉質	ナトリウム・カルシウム-硫酸塩、塩化物温泉
温度(源泉)	57.8℃
効能	神経痛、筋肉痛、関節痛、関節のこわばり、五十肩、運動麻痺、打ち身、くじき、慢性消化器病、慢性皮膚病、疲労回復、冷え症ほか

【施設DATA】

日帰入浴	料金大人1500円、子ども750円、貸切り風呂（40分）2100円、利用可能時間5:00～9:00、15:00～20:00　無休
宿泊料金	1万2600円～　IN15:00・OUT10:00
施　設	客室36、宴会場7、売店、ギャラリー　駐車場／無料50台
URL	http://www.toikan.com/

上／西伊豆エリア最大の野天風呂。夜には星空を仰ぎながらの入浴が楽しめる。中／創業は明治6年。長い歴史を持つ老舗ならではの落ち着きが感じられる。下左／料理の一例。駿河湾で揚がる新鮮な幸を贅沢に取り入れたプランが充実している。下右／「御殿の間」は全20畳。家族でゆったり寛ぐことができる。

土肥温泉

伊豆の宿 昭和館

いずのやど　しょうわかん

露天風呂　客室露天　日帰り　貸切り

家族で営む小さな宿で味わう贅沢

県道17号沿いに位置する、こぢんまりとした和風旅館。「常に変わらぬもてなしでお客様を迎えるには、このくらいが妥当」（ご主人）だからと、部屋数は五部屋だけ。しかし、それだけに細やかな気配りが行き届き、家族的な接客は実に温かい。

温泉を源泉かけ流しで楽しめることも、小さな宿ならではの贅沢。男女別の浴場のほか、客室に用意された内湯にも源泉が引かれている。金の採掘中に発見されたという土肥の温泉に、時間を気にせずつかれるのがうれしい。

名物の石焼鍋は、焼いた石を敷いた鍋にカサゴなどの魚介と野菜を盛り付けたもの。水を注ぐとジュッという音とともに磯の香りが一気に広がり、食欲をそそる。

Access

【電車】
伊豆箱根鉄道修善寺駅より松崎行きバス50分

【車】
東名高速道路沼津ICより国道136号線経由70分

Tel 0558-98-0023　伊豆市土肥306

【温泉DATA】

風呂	内風呂（男女各1、部屋風呂5）
泉質	ナトリウム・カルシウム-硫酸塩、塩化物温泉
温度(源泉)	57.8℃
効能	神経痛、筋肉痛、関節痛、関節のこわばり、五十肩、運動麻痺、打ち身、くじき、慢性消化器病、慢性皮膚病、疲労回復、冷え症、病後回復、動脈硬化症

【施設DATA】

日帰入浴	料金（温泉と食事のセット、平日のみ、要予約）5250円〜、利用可能時間応相談
宿泊料金	1万500円〜　IN15:00・OUT10:00
施　設	客室5、宴会場　駐車場／無料6台
URL	http://www.geocities.jp/toi_showakan/

上／男女ともにシンプルなつくり。夕食後は、貸切り風呂として利用することもできる。中左／土肥の湯は入浴後もぽかぽか感が持続することが特徴。中右／部屋風呂にも源泉が注がれる。5部屋のうち4部屋は檜の浴槽。下左／料理は魚介が中心。内容はその日の仕入れによって。下右／街道に面しているが館内は思いのほか静か。

堂ケ島温泉

堂ヶ島温泉ホテル

どうがしまおんせんほてる

露天風呂　客室露天　日帰り　貸切り

肌にやさしい自家源泉と美しい景観が自慢

出港間近の大型客船のように、海からの爽やかな風を受ける白い建物。西伊豆リゾートの拠点として知られる堂ヶ島温泉ホテルは、堂ヶ島唯一の自家源泉を保有し、その湯を目的に訪れる客も多い。

泉質は高アルカリ性。すべすべの肌ざわりが得られ、浴後も潤いを保つことから、「化粧の湯」と呼ばれている。サウナや寝湯を備える大浴場、貸切り専用の二つの岩風呂は、源泉100%のかけ流し。温度調節を兼ねて一部が循環される露天風呂でも、その効果は十分に実感できるはず。

客室は全室オーシャンビュー。目の前には三四郎島が浮かび、どこまでも青い海が続く。海辺近くの「渚の露天風呂」につかりながら楽しむ夕景は絶品だ。

Tel 0558-52-0275　賀茂郡西伊豆町仁科2960

【温泉DATA】

風呂	内風呂（男女各1）、貸切り風呂2、露天風呂（男女各1）、サウナ（男女各1）
泉質	高アルカリ性単純泉
温度(源泉)	40℃
効能	腰痛、肩こり、神経痛、関節痛、関節のこわばり、痔疾、冷え症、リウマチ、美肌効果

【施設DATA】

日帰入浴	不可
宿泊料金	1万6800円～　IN15:00・OUT10:00
施　設	客室93、宴会場7、売店、レストラン、エステサロン、プール　駐車場／無料100台
URL	http://www.doh.co.jp/

Access

【電車】
伊豆急行蓮台寺駅より堂ケ島行きバス50分

【車】
東名高速道路沼津ICより国道136号線経由120分

上／三四郎島を望む「渚の露天風呂」。潮の香りと波の音が心地良い。中／大浴場「オーロラの湯」。堂ケ島温泉にある宿の中で、自家源泉が湧いているのはこのホテルだけ。飲泉所もある。下左／西伊豆の旬を盛り込んだ料理も満足の内容。下右／美しい夕焼けについ見とれてしまう。西伊豆の海岸線には奇岩、景勝が続く。

祢宜ノ畑温泉

西伊豆町営 やまびこ荘

にしいずちょうえい　やまびこそう

露天風呂　客室露天　日帰り　貸切り

気軽に温泉を楽しめる廃校利用の宿泊施設

西伊豆町大浜海岸から仁科川沿いに車を走らせること二十分。豊かな緑に抱かれたやまびこ荘は、三十年ほど前に廃校になった小学校の校舎を再利用した宿泊施設である。客室は元の教室を分割、改装したもの。当時の面影をそのまま残す廊下を歩けば、ノスタルジックな気分に誘われる。

　大沢里の山間に湧く祢宜ノ畑温泉を引いた、風呂とプールもウリ。男女別の内湯はそれほど広くはないがたっぷりの湯がかけ流され、本格的な二十五メートルプールは年間を通じて利用することができる。

　ホテルや旅館とは異なる魅力を持つここの施設。リーズナブルな料金もあって、観光客のみならず、合宿や研修など幅広い用途に利用されている。

Access

【電車】
伊豆急行蓮台寺駅より松崎行きバス、松崎で乗換、計80分 祢宜ノ畑バス停下車

【車】
東名高速道路沼津ICより国道136号線経由120分

Tel 0558-58-7153　賀茂郡西伊豆町大沢里150

【温泉DATA】

風呂	内風呂（男女各1）
泉質	カルシウム・ナトリウム-硫酸塩泉
温度(源泉)	38.7℃
効能	慢性皮膚病、やけど、切り傷、動脈硬化症

【施設DATA】

日帰入浴	料金大人500円、子ども300円／プール利用料大人200円、子ども100円、入浴12:00～17:00、プール8:30～17:00　無休
宿泊料金	4725円～　IN15:00・OUT10:00
施　設	客室9、温泉プール、食堂、運動場　駐車場／無料20台
URL	http://www.town.nishiizu.shizuoka.jp/nishiizu/main/kankou/yamabiko

上／素朴なつくりだが、心身ともにリラックスできる。湯量は豊富。中／建物は明治の終わりごろに建てられたもので100年近くの歴史を持つ。下左／いろいろな楽しみ方ができる温泉プール。下中／教室を利用した客室。布団の上げ下げは自分で。下右／2階の廊下を見通す。ガラス戸や手洗い場はそのまま生かされている。

桜田温泉

源泉旅館 山芳園

げんせんりょかん　さんぽうえん

露天風呂　客室露天　日帰り　貸切り

新鮮ないで湯が溢れる山あいの一軒宿

のどかな田園風景に溶け込む湯宿。切り盛りする吉田夫妻の真心込めたもてなしと飾らない人柄、そして温泉に対する強いこだわりが、常連客の足を部屋数が十の小さな宿へと向かわせている。

敷地内に自噴する湯は、最大で毎分六百リットル以上。晴れた日には満天の星空が広がる露天風呂、開放感溢れる唐傘天井が印象的な檜風呂など、五つの風呂にはたっぷりと源泉がかけ流されている。泉温は70度以上と高めだが、独自の給湯システムと冷却方法により、加水なし、減圧なし、空気への接触なし、の「新鮮な温泉」を楽しむことができる。

山菜や猪肉など地場の幸を盛り込んだ料理も自慢。魚介は契約した漁師から直接仕入れている。

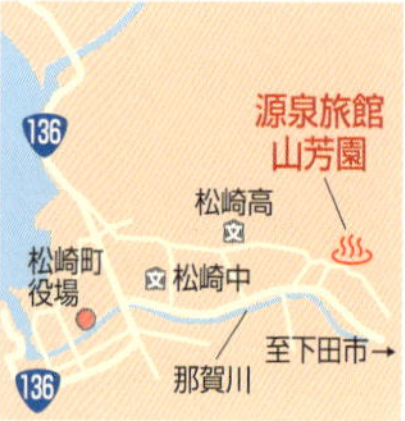

Access

【電車】
伊豆急行伊豆急下田駅より
松崎・堂ケ島行きバス45分

【車】
東名高速道路沼津ICより
国道136号線経由120分

Tel 0558-42-2561　賀茂郡松崎町桜田569-1

【温泉DATA】

風呂	内風呂（男1、女2）、露天風呂（混浴1）、貸切り風呂1
泉質	ナトリウム・カルシウム-硫酸塩温泉
温度(源泉)	74.3℃
効能	神経痛、筋肉痛、関節痛、高血圧、慢性消化器病、慢性皮膚病、疲労回復、美肌効果、動脈硬化症、リウマチ

【施設DATA】

日帰入浴	不可
宿泊料金	2万2200円～　IN15:00・OUT10:00　不定休
施　設	客室10、宴会場　駐車場／無料20台
URL	http://www.sanpouen.co.jp/

上／20畳もの広さを持つ露天風呂は深さ98cm。湯量豊富な源泉を持つからできる贅沢なつくりだ。中／地元松崎でとれた山海の幸が並ぶ。下左／湯船の底まで檜が使われた内湯。一本松を使った唐傘天井は高く、明るい。下右／女性専用の室岩風呂には、独立した飲泉所を設置。衛生面もきちんと配慮されている。

松崎温泉

まつざき 海浜荘

まつざき　かいひんそう

露天風呂　客室露天　日帰り　貸切り

情緒ある街に湧く湯と新鮮な魚介が楽しみ

風情あるなまこ壁の家並みが今も残る松崎。温泉の開湯は昭和三十八年と比較的新しいが、ここ海浜荘はその遥か昔、百七十年ほど前から営まれている老舗宿である。

「清潔であること、料金が手頃なこと、そしてゆっくり寛げることを信条にしています」と、ご主人の石田さん。その言葉の通り、館内は清潔感があり、生けづくりが付く夕食も充実した内容だ。

男女別の風呂には、なめらかな感触を残す松崎の温泉が豊富にかけ流されている。地下水でパイプを冷やして泉温を調節しているので加水もなし。源泉そのままの湯を二十四時間いつでも楽しめる。

涼みがてら松崎の街を歩くのもいい。一分も歩けば、夕日で知られる海辺に到着する。

Access

【電車】
伊豆急行蓮台寺駅より松崎・堂ケ島行きバス40分

【車】
東名高速道路沼津ICより国道136号線経由120分

Tel 0558-42-0127　賀茂郡松崎町江奈207

【温泉DATA】

風呂	内風呂（男女各1）
泉質	カルシウム・ナトリウム-硫酸塩温泉
温度(源泉)	62.2℃
効能	神経痛、慢性皮膚病、筋肉痛、関節痛、関節のこわばり、五十肩、運動麻痺、慢性消化器病、疲労回復、動脈硬化症、リウマチ、打ち身、くじき、痔疾

【施設DATA】

日帰入浴	不可
宿泊料金	7875円〜2万1000円　IN14:00・OUT10:00
施　設	客室7、宴会場、売店　駐車場／無料7台
URL	http://www.matsuzaki-tk.com/kaihinso/

上／無色透明の湯はなめらかな肌ざわり。神経症や皮膚病に効果がある。中／掃除が行き届いた女湯。男性用よりもやや小ぶり。下左／松崎港で揚がる地魚はもちろん、近隣漁港から届く新鮮な魚介を使った磯料理が評判だ。下右／広さの異なる7つの和室はトイレ付き。外国人が宿泊することも多い。

大沢温泉ホテル

おおさわおんせんほてる

露天風呂　客室露天　日帰り　貸切り

閑静な温泉郷に佇む、歴史が息づく宿

西伊豆の名家として知られる依田家。大沢温泉ホテルは三百三十年の歴史を持つその庄屋屋敷を活かした、趣深いホテルである。敷地内には六つの建物があり、特に母屋、離れ、土蔵の部屋は百五十年から三百年の年月を経た重厚な造り。忘れていた何かを思い出させてくれるような、安らぎとぬくもりが満ちている。

肌を美しくする湯として知られる温泉の魅力も大きい。野趣溢れる露天風呂、木の香漂う総檜風呂、さらには平成十六年に完成した屋上野天風呂「満天」で、江戸時代から親しまれている大沢の湯を満喫することができる。

春は桜が咲き誇り、初夏にはホタルが飛び交う。のんびりと過ごすにはうってつけの環境だ。

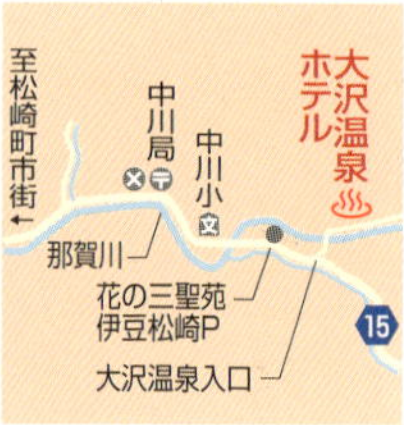

Access

【電車】
伊豆急行伊豆急下田駅より松崎・堂ケ島行きバス35分

【車】
東名高速道路沼津ICより国道136号線経由90分

Tel 0558-43-0121　賀茂郡松崎町大沢153

【温泉DATA】

風呂	内風呂2（男女入替え）、露天風呂2（男女入替え）、貸切り風呂1、部屋風呂24
泉質	単純温泉
温度(源泉)	42.5℃
効能	神経痛、筋肉痛、関節痛、関節のこわばり、運動麻痺、慢性消化器病、疲労回復、打ち身、くじき、痔疾、冷え症、美肌効果

【施設DATA】

日帰入浴	不可
宿泊料金	1万3500円～3万9000円　IN14:00・OUT10:30
施　設	客室25、宴会場、売店、ギャラリー、コーヒーラウンジ&バー　駐車場／無料30台
URL	http://www.osawaonsen.co.jp/

上／285m²もの広さを誇る「満天」。鳥のさえずり、木々のざわめきに時を忘れる。中／総檜造りの大浴場。大沢温泉は無色透明でさっぱりとした肌ざわりが特徴。下左／季節感を大切にした料理。中秋の名月に開かれていた酒宴に出されていたという桶寿司が名物。下右／土蔵2階の「天保の間」。この部屋を好む常連が多い。

雲見温泉
赤井浜露天風呂

くもみおんせん　あかいはまろてんぶろ

露天風呂　客室露天　日帰り　貸切り

上／眼下には駿河湾が迫る。中／湯温がやや低いため夏季利用に適する。下／シーズンには多くの人でにぎわう。

駿河湾を一望できる
波打ち際の露天風呂

雲見の温泉街から松崎方面へ向かってすぐ。道路脇の小さな看板を頼りに坂を下っていくと、波打ち際に脱衣場と石造りの露天風呂が現れる。切り立った崖と海に囲まれたこの露天風呂は、ロケーションと眺めの良さが自慢。海水浴客やダイバーに人気のスポットになっている。夕日を眺めながらの入浴も格別だ。混浴なので水着を忘れずに。

Access

【電車】
伊豆急行伊豆急下田駅よりバス90分（乗換あり）

【車】
東名高速道路沼津ICより国道136号線経由120分

Tel 0558-42-0745（松崎町観光協会）　賀茂郡松崎町雲見

【温泉DATA】

風呂	露天風呂1
泉質	カルシウム・ナトリウム-塩化物温泉
温度(源泉)	39.3℃
効能	神経痛、筋肉痛、関節痛、関節のこわばり、五十肩、やけど、運動麻痺、打ち身、くじき、慢性皮膚病、痔疾、切り傷、冷え症、慢性婦人病、病後回復、健康増進、虚弱児童

【施設DATA】

日帰入浴	料金無料、24時間利用可、水着着用のこと
宿泊料金	宿泊不可
施　設	駐車場／なし
URL	http://www.izu.co.jp/~matsukan/

上／遠浅で波が静かな岩地海岸。中／船型風呂は子どもたちに大人気。下／盛大に開催される「岩地温泉大漁まつり」。

ダジュール岩地

だじゅーるいわち

露天風呂　客室露天　日帰り　貸切り

船型の露天風呂が岩地海水浴場に出現

断崖が続く西伊豆の海岸線では数少ない美しい砂浜を持ち、東洋のコートダジュールをうたう岩地海岸。五～十月にかけては温泉を満たした船型の露天風呂が設置され、子どもたちの人気を集めている。五月に開催される「岩地温泉大漁まつり」では、カツオを使った郷土料理、ニアイナマスなどが振る舞われ、多くの人でにぎわう。

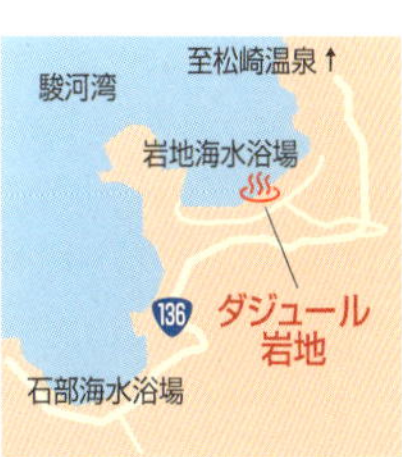

Access

【電車】
伊豆急行伊豆急下田駅よりバス60分（乗換あり）

【車】
東名高速道路沼津ICより国道136号線経由110分

Tel 0558-42-0745（松崎町観光協会）　賀茂郡松崎町岩地

【温泉DATA】

風呂	露天風呂1
泉質	カルシウム・ナトリウム-塩化物温泉
温度(源泉)	69.8℃
効能	神経痛、筋肉痛、関節痛、関節のこわばり、五十肩、やけど、運動麻痺、打ち身、くじき、慢性皮膚病、痔疾、切り傷、冷え症、慢性婦人病、病後回復、健康増進、虚弱児童

【施設DATA】

日帰入浴	料金無料、24時間利用可、水着着用のこと、5～10月のみ設置
宿泊料金	宿泊不可
施　設	駐車場／周辺駐車場を利用（有料）
URL	http://www.izu.co.jp/~matsukan/

長泉山荘

ながいずみさんそう

露天風呂　客室露天　日帰り　貸切り

源泉湧く隠れ家で、閑静な時間にひたる

平成十六年九月にオープンした長泉山荘は、季節感溢れる味わいを楽しめる料理旅館。緑に包まれる静かな環境から、宿泊だけでなく、各種宴会や婚礼、法事などにも幅広く利用されている。

敷地内に湧く湯は、長泉町唯一の温泉。温泉成分をバランス良く含み、最近の調査ではミネラル成分の一種、バナジウムの含有も確認されている。浴場は内風呂と露天風呂が男女別にひとつずつ。富士山麓、愛鷹山に源流を持つ桃沢川に面した露天風呂では、一日一〇〇トンを湧出するという源泉をかけ流しで楽しめる。

館内は落ち着きある和風の趣。東名沼津ICを降りて十五分ほどとアクセスが良く、首都圏からの客やゴルファーの利用も多い。

Access

【電車】

JR東海道本線三島駅より桃沢郷行きバス45分

【車】

東名高速道路沼津ICより桃沢川沿いに15分

Tel 055-988-8181　駿東郡長泉町元長窪895

【温泉DATA】

風呂	露天風呂（男女各1）、内風呂（男女各1）
泉質	カルシウム・ナトリウム-塩化物・硫酸塩温泉
温度(源泉)	32.9℃
効能	神経痛、筋肉痛、関節痛、関節のこわばり、婦人病、五十肩、やけど、高血圧、運動麻痺、慢性消化器病、慢性皮膚病、打ち身、くじき、疲労回復、動脈硬化症、冷え症

【施設DATA】

日帰入浴	不可
宿泊料金	1万5000円〜　IN15:00・OUT10:00
施　設	客室17、宴会場4、売店、レストラン、会議室2（宴会場に設営）駐車場／無料40台
URL	なし

上／心地良いせせらぎと豊かな緑に包まれた露天風呂。地下1500mから湧く湯は加温こそしているものの、源泉がかけ流されている。中／客室は和室、洋室、和洋のスイートがそろう。下左／男性用の内湯。桃沢川に面した開放部から清々しい風が運ばれる。下右／食事処「愛鷹」。中庭を眺めながら食事を楽しめる。

古奈温泉

ホテルサンバレー富士見

ほてるさんばれーふじみ

露天風呂　客室露天　日帰り　貸切り

贅沢な時間に心潤う。温泉、美味、名画の宿

伊豆山、修善寺とともに伊豆三古湯のひとつに数えられる古奈温泉。ホテルサンバレー富士見は、伊豆長岡エリアにおいて唯一独自の源泉を有し、回廊式の露天風呂や檜の香りさわやかな桶風呂などで肌ざわりやさしい温泉をかけ流しで楽しめる。くせのない澄んだ湯は、飲泉することも可能だ。

温泉で寛いだあとは、中華と和食の創作コースを。有名料理店や老舗旅館で腕を振るった中沢隆弥総料理長、高崎史朗和食料理長による手をかけた料理を楽しめる。

館内は至るところに絵画が飾られ、美術館のような華やかさ。地下にある「小さな美術館」では、バルビゾン派を代表するミレー、ルソーなどの作品や、イングリッシュ・カメオを鑑賞できる。

Access

【電車】

伊豆箱根鉄道伊豆長岡駅よりタクシー5分

【車】

東名高速道路沼津ICより国道136号線経由40分

Tel 055-947-3100　伊豆の国市古奈185-1

【温泉DATA】

風呂	内風呂（男女各1）、露天風呂（男女各1）、桶湯（男女各1）、つぼ湯（男女各1）、サウナ（男女各1）、水風呂（男女各1）
泉質	アルカリ性単純温泉
温度(源泉)	源泉1号62.8℃、2号64.7℃
効能	神経痛、筋肉痛、関節痛、関節のこわばり、五十肩、運動麻痺ほか

【施設DATA】

日帰入浴	料金（平日）大人1100円、子ども735円、（休日）1625円、1050円、利用可能時間12:00〜22:00　無休
宿泊料金	1万5750円〜　IN15:00・OUT10:00
施　設	客室46、宴会場3、売店、レストラン、エステサロン、会議室6、ギャラリー　駐車場／無料100台
URL	http://www.3800.jp/

上／敷地内にある２つの源泉は湯量もたっぷり。肌にやさしく、湯冷めしないと評判。中／創作中国料理の一例。健康をテーマに多彩なメニューがそろう。下左／館内には飲泉所が設けられている。下中／「小さな美術館」隣にはイングリッシュ・カメオを展示。下右／創作和食会席の一例。素材の味を大切にした料理は彩り鮮やか。

古奈温泉

京風料亭旅館 正平荘

きょうふうりょうていりょかん　しょうへいそう

露天風呂　客室露天　日帰り　貸切り

伝統美と寛ぎに満ちた和のリゾート

エントランスに足を踏み入れると、時間の流れが穏やかになったよう。四季が集約された庭園を近代数寄屋造りの本館、近年新築された新館、そして離れが囲むように配された正平荘は、平安の雅を今に伝える料亭旅館である。

歴史ある古奈の湯が満たされた風呂にも、和の情緒が息づく。特にヴェネチアンガラスを使用した「ごくらくちょう」、色とりどりの小石を打ちだした「かなんどり」、これら個室に備えられたふたつの風呂には源泉がかけ流され、優雅なひとときを楽しめる。家具開発、空間設計を手がけるIDEEプロデュースの露天風呂『出湯』は若い世代からの注目を集める。

厨房には生け簀が三つ。料理にも妥協は見当たらない。

Access

【電車】
伊豆箱根鉄道伊豆長岡駅よりタクシー5分

【車】
東名高速道路沼津ICより国道136号線経由40分

Tel 055-948-1304　伊豆の国市古奈256-1

【温泉DATA】

風呂	客室露天風呂2、内風呂2（男女入替え）、露天風呂2（男女入替え）
泉質	アルカリ性単純温泉
温度(源泉)	62.1℃
効能	神経痛、筋肉痛、関節痛、関節のこわばり、五十肩、運動麻痺、慢性消化器病、打ち身、くじき、疲労回復、痔疾、美肌効果、冷え症ほか

【施設DATA】

日帰入浴	料金（180分、食事付き）大人1万5000円、子ども1万円、利用可能時間11:30～14:00、15:00～20:30　不定休
宿泊料金	2万9025円～　IN15:00・OUT10:00
施　設	客室12、宴会場、売店、レストラン、会議室、ギャラリー、茶室、クラブ、エステ　駐車場／無料20台
URL	http://www.shoheiso.com/

上左／坪庭を眺めながら楽しめる「かなんどり」。上右／内湯「不二白梅の湯」。中左／料理へのこだわりは強い。有名作家の器が使われる。中右／選りすぐりの銘木と匠の技が駆使された建物は見るだけで飽きない。下左／IDEEの手による『出湯』。シンプルモダンな佇まい。下右／「ごくらくちょう」はモネの「睡蓮」がモチーフ。

大仁ホテル

おおひとほてる

露天風呂　客室露天　日帰り　貸切り

富士の麗姿を一望できる温泉の宿

狩野川に沿う静かな丘の上に建つ大仁ホテル。ここから望む富士山はまさに絶景だ。志賀直哉、池波正太郎をはじめ多くの文人墨客が訪れ、梅原龍三郎はここで代表作「富士山」を描いている。

ここの源泉かけ流しの湯は、昭和十二年、大仁金山の採掘中に噴出した。神経痛、筋肉痛などに効果があり、黄金の湯と呼ばれ親しまれている。浴室は、開放感ある内風呂と露天風呂を男女別に用意。もちろん、そのいずれからも、四季折々の富士の姿を楽しむことができる。

狩野川はアユ釣りのメッカ。周囲にはスポーツ施設も多く、疲れを癒すのに最適。長嶋巨人軍名誉監督は現役時代、七年にわたりこのホテルで自主トレを行っている。

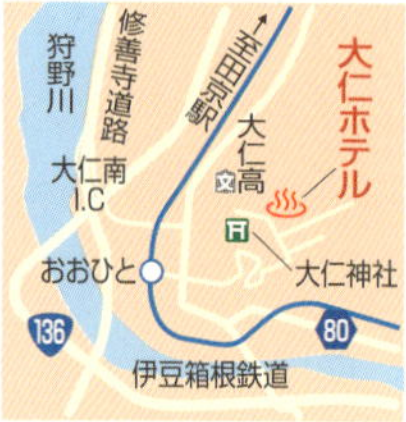

Access

【電車】
伊豆箱根鉄道大仁駅より
タクシー3分

【車】
東名高速道路沼津ICより
国道136号線経由45分

Tel 0558-76-1111　伊豆の国市吉田1178

【温泉DATA】

風呂	内風呂(男女各1)、露天風呂(男女各1)、貸切り風呂2
泉質	アルカリ性単純温泉
温度(源泉)	51.9℃
効能	神経痛、筋肉痛、関節痛、関節のこわばり、五十肩、運動麻痺、慢性消化器病、打ち身、くじき、疲労回復、痔疾、冷え症、病後回復、健康増進

【施設DATA】

日帰入浴	不可
宿泊料金	1万3700円～5万400円　IN15:00・OUT11:00
施　設	客室127、宴会場5、売店、レストラン、会議室5、プール、カクテルラウンジ、麻雀ルーム、カラオケルーム　駐車場／無料60台
URL	http://www.izuhakone.co.jp/hotels/ohito/

上／男性用の大浴場。湯船の正面に富士山を望む。中／岩造りの露天風呂。風呂はいずれも源泉をかけ流している。下左／本館のほかに日本庭園に囲まれた数寄屋造りの離れ9室を持つ。下右／3万坪にもおよぶ敷地内は緑に溢れ、のどかな環境。北に面したすべての客室はもちろん、宴会場からも富士を望むことができる。

鶺鴒荘《せきれいそう》

露天風呂　客室露天　日帰り　貸切り

雅な庭園と温泉の情緒に日常を忘れる

鶺鴒は水辺に住む小鳥。修善寺温泉街のはずれ、静かな桂川のほとりに佇む鶺鴒荘は、背筋がすらりと伸びたこの鳥が遊びにくるような趣ある日本庭園を持つ。

風呂は十二支にちなんだ十二角形の建物にある大浴場「甲子の湯」と、それに続く露天風呂。平安初期に弘法大師が発見したと伝えられる修善寺の湯が贅沢にかけ流されている。茅葺き屋根の離れ「花亭」には、ふたつの客室それぞれに専用の露天風呂があり、優雅なひとときを楽しめる。

近代数寄屋建築である本館の各部屋の名は、万葉集から取られたもの。落ち着きある空間で、四季折々の花が咲き競う庭園や修善寺の街並みを眺めながら、ひと品ずつ提供される会席を堪能したい。

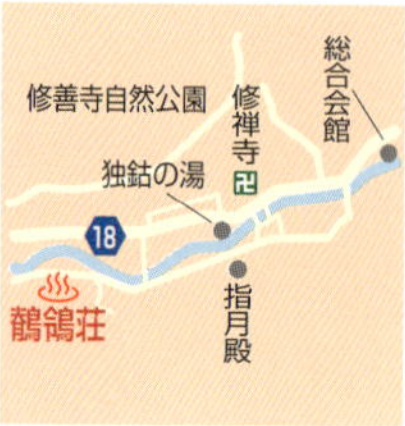

Access

【電車】
伊豆箱根鉄道修善寺駅よりタクシー10分

【車】
東名高速道路沼津ICより国道136号線経由45分

Tel 0558-72-2031　伊豆市修善寺3372-1

【温泉DATA】

風呂	内風呂（男女各1）、露天風呂（男女各1、離れ2）
泉質	アルカリ性単純温泉
温度(源泉)	61.2℃
効能	神経痛、筋肉痛、関節痛、関節のこわばり、腰痛、五十肩、運動麻痺、打ち身、くじき、慢性消化器病、痔疾、疲労回復、冷え症

【施設DATA】

日帰入浴	不可
宿泊料金	2万1000円～　IN15:00・OUT11:00
施　設	客室17、宴会場、売店、バー　駐車場／無料25台
URL	http://www.sekireiso.co.jp/

上／やや小ぶりながら、温泉情緒にひたれる「甲子の湯」の露天風呂。清掃時以外は24時間利用可能。中左／大浴場も修善寺の湯が贅沢にかけ流されている。中右／優美な庭園に囲まれる茅葺きの離れ「花亭」。下左／料理の一例。伊豆の旬がふんだんに盛り込まれる。下右／離れの客室には、囲炉裏の間と専用露天風呂がある。

修善寺温泉

湯の宿
花小道
ゆのやど　はなこみち

露天風呂　客室露天　日帰り　貸切り

旅心ときめくノスタルジックな温泉旅館

清らかに流れる桂川のほとり。昭和初期に建てられ、江戸川乱歩などの文人、画人に愛された老舗旅館が、日本建築の伝統美はそのままに現代の機能性をプラスして生まれ変わった。

昔ながらの風情を漂わせる廊下を進めば、安らぎ溢れるふたつの内湯。桂川に面した浴槽には、歴史ある修善寺の湯がこんこんと注がれている。三階にはプライベート気分と開放感を同時に楽しめる貸切り風呂を用意。星空の下、ゆったりと旅情を満喫できる。

客室はレトロモダンなスタイル。宿泊料に夕食、朝食代が加算される料金システムなので、素泊まりの利用も気軽だ。老舗のぬくもりと温泉街ならではの情緒を手頃な値段で楽しむことができる。

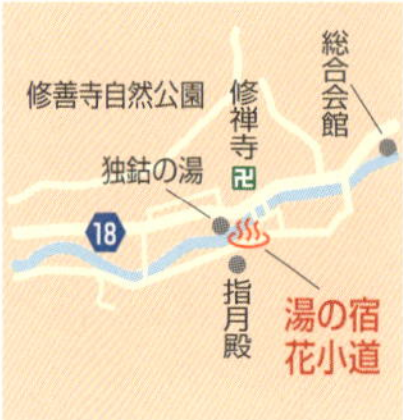

Access

【電車】
伊豆箱根鉄道修善寺駅より
修善寺温泉行きバス10分

【車】
東名高速道路沼津ICより
国道136号線経由50分

Tel 0558-72-1178　伊豆市修善寺3465-1

【温泉DATA】

風呂	内風呂（男女各1）、貸切り風呂2
泉質	アルカリ性単純温泉
温度(源泉)	61.2℃
効能	神経痛、筋肉痛、関節痛、関節のこわばり、五十肩、運動麻痺、打ち身、くじき、慢性消化器病、痔疾、疲労回復

【施設DATA】

日帰入浴	不可
宿泊料金	1万3600円～　IN15:00・OUT10:00
施　設	客室13、宴会場、売店、レストラン、会議室、ギャラリー　駐車場／無料13台
URL	http://www.katuragawa.co.jp/

上左／貸切り風呂「星の湯」。天窓から夜空を仰ぐことができる。上右／貸切りの露天風呂「月の湯」。開放感とかけ流しの湯を独り占めできる。中／客室は和の雰囲気を生かした洋室。下左／修善寺温泉郷の中心、独鈷の湯が目の前という好ロケーション。下右／夕食一例。本店「桂川」が担当する3種類の和食コースから選ぶ。

湯ケ島温泉

落合楼 村上

おちあいろう　むらかみ

露天風呂　客室露天　日帰り　貸切り

清流見下ろす、文化財ともてなしの宿

猪越川と本谷川、ふたつの川が落ち合い狩野川になるあたり。明治七年創業、島崎藤村や北原白秋などの文人墨客に愛された老舗の歴史を受け継ぐ「落合楼　村上」は、素朴ながらしっとりとした純和風の佇まいを見せる。

三本の源泉から引いた湯がかけ流される風呂も味わい深い。洞窟のような風呂をくぐって進めば、露天風呂「天狗の湯」が渓流のせせらぎとともに迎えてくれる。タイル貼りの大浴場はどこか懐かしい趣。貸切りの露天風呂は十人が楽につかれる大きさだ。

昭和初期に建てられた建物の多くは登録有形指定文化財に認定されているが、かた苦しさは一切なし。ほっと寛げる温かなもてなしが、支持を集める一番の理由だ。

Access

【電車】
伊豆箱根鉄道修善寺駅より河津行きバス30分

【車】
東名高速道路沼津ICより国道136号線経由60分

Tel 0558-85-0014　伊豆市湯ケ島1887-1

【温泉DATA】

風呂	内風呂（男女各1）、露天風呂（男女各1）、貸切り風呂1
泉質	カルシウム・ナトリウム-硫酸塩泉
温度(源泉)	55.2℃
効能	神経痛、筋肉痛、関節痛、関節のこわばり、五十肩、やけど、高血圧、運動麻痺、打ち身、慢性消化器病、慢性皮膚病、痔疾、疲労回復、切り傷、動脈硬化症、リウマチ

【施設DATA】

日帰入浴	不可
宿泊料金	2万6250円～　IN15:00・OUT10:00
施　設	客室15、宴会場10、売店、会議室、ギャラリー　駐車場／無料25台
URL	http://www.ochiairou.com/

上／清流を見下ろす「天狗の湯」。その昔天狗が人目を忍んでつかったという言い伝えに由来。中／登録有形指定文化財に認定されている眠雲亭の客室。風格と落ち着きを感じさせる。下左／貸切り風呂とは思えない広さを誇る。下右／建物が入り組むことがわかる、狩野川越しの全景。右下に伸びる眠雲橋からの眺めも格別。

湯本館

ゆもとかん

露天風呂　客室露天　日帰り　貸切り

川端康成が愛した清流沿いの秘湯の宿

狩野川の河畔にしっとりと佇む木造二階建ての老舗宿。湯ケ島温泉の草分けで、建物には長い歴史に磨かれた風格が漂う。

文豪、川端康成が滞在し、小説「伊豆の踊子」を執筆したことでも知られ、「川端さん」と名付けられた当時の部屋がそのままの姿で残っている。客室としての利用はできないが見学は自由。新しくできた資料館も覗いてみよう。

風呂は渓流に手が届きそうな野趣豊かな露天岩風呂と、木立の合間から清流を望む清潔な大浴場。湯量も泉質も折り紙付きだ。露天風呂は貸切りなので家族やカップルで水入らずの時間を過ごせる。

食事は部屋出しで、天城の山の味覚と沼津港水揚げの魚介類を盛り込んだ豪華な料理が並ぶ。

Access

【電車】
伊豆箱根鉄道修善寺駅より湯ケ島方面行きバス30分

【車】
東名高速道路沼津ICより国道136号線経由60分

Tel 0558-85-1028　伊豆市湯ケ島1656-1

【温泉DATA】

風呂	内風呂（男女各1）、露天風呂1（混浴）、貸切り風呂1
泉質	単純温泉
温度(源泉)	47.0℃
効能	神経痛、筋肉痛、関節痛、関節のこわばり、腰痛、慢性婦人病、五十肩、高血圧、打ち身、くじき、慢性消化器病ほか

【施設DATA】

日帰入浴	料金（40分）大人800円・子ども500円、利用可能時間12:00～15:00　不定休
宿泊料金	1万4000円～　IN15:00・OUT10:00
施　設	客室14、宴会場、売店　駐車場／無料30台
URL	なし

上／せせらぎの音がBGMになる川岸の露天風呂。夜は満天の星を眺めながら幽境の気分を満喫。溢れた湯はそのまま川の流れとなる。中／川端康成が「伊豆の踊子」を執筆した部屋「川端さん」。下左／初夏の新緑や秋の紅葉が楽しめる大浴場。湯船は大理石。下右／名物の猪鍋をはじめ地の食材を使った素朴な料理が評判。

船原温泉

いろりとぬくもりの宿
船原館

いろりとぬくもりのやど　ふなばらかん

露天風呂　客室露天　日帰り　貸切り

古き湯治と現代セラピーでリフレッシュ

狩野川の支流、船原川に面する静かな山あい。船原館は、源頼朝がこの地で狩りを催したことに由来する料理、お狩場焼が名物の和風旅館。古くから神経痛や胃腸への効能が知られている肌ざわりやさしい温泉も、たっぷりかけ流しで楽しむことができる。

風呂は男女入替え制の内風呂と、それに続く露天風呂。温泉療法にも力を入れ、近年完成した平均水深一・二メートルの「たち湯」では、温泉の中でヨガや整体を行う「天城流湯治法」や、水に浮かされた状態でのストレッチ「ワッツ」などのプログラムを受けることができる（別料金、要予約）。

緑に囲まれた一軒宿でのんびり過ごすひととき。心身ともにリフレッシュできそうだ。

Access

【電車】
伊豆箱根鉄道修善寺駅より堂ケ島行きバス20分

【車】
東名高速道路沼津ICより国道136号線経由50分

Tel 0558-87-0711　伊豆市上船原518-1

【温泉DATA】

風呂	内風呂（男女各1）、露天風呂1、たち湯1
泉質	単純温泉
温度(源泉)	47.1℃
効能	神経痛、筋肉痛、関節痛、関節のこわばり、五十肩、運動麻痺、打ち身、くじき、慢性消化器病、痔疾、冷え症、疲労回復、健康増進、病後回復期

【施設DATA】

日帰入浴	料金（平日）大人800円、子ども400円、宿泊状況や掃除の都合により利用できない場合があるため事前に確認のこと
宿泊料金	1万500円～　IN15:00・OUT10:00
施　設	客室14、宴会場、売店、バー、卓球台、セラピールーム　駐車場／無料20台
URL	http://homepage2.nifty.com/funabarakan/

上左／さまざまな温泉療法に対応する「たち湯」。通常の風呂の3倍近い水深を持つ。上右／贅沢に温泉がかけ流される「頼朝の湯」。左手は露天風呂。中／渓流を渡る風が心地良い岩造りの露天風呂。下左／お狩場焼が知られるが、冬場の猪鍋も人気が高い。下右／落ち着いた雰囲気の客室がそろう。

嵯峨沢館
さがさわかん

露天風呂　客室露天　日帰り　貸切り

こころ癒す多彩な湯殿を誇る、源泉の湯宿

京都の嵯峨野に趣が似ていることから、嵯峨沢の地名がついたという言い伝えにも納得する、自然豊かな閑静なロケーション。狩野川沿いに湯けむりを上げる嵯峨沢館は、モダンな和風情緒に包まれながら湯三昧を楽しめる宿だ。

豊富な湯量を誇る自家源泉は、それぞれ異なる表情を持つ十二の湯処、二十二の客室露天風呂にかけ流されている。新しく設けられた「岩盤浴」は、温められたゲルマニウムや麦岩石などの石の上にゆったり横になるもの。体が芯から温まり、老廃物の排出を促す効果があるという。

食事は完全個室のダイニングで。地の素材を生かした旬の味覚の数々で、京都で腕を磨いた若き料理長が楽しませてくれる。

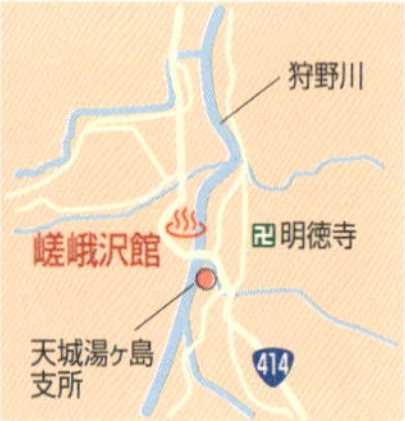

Access

【電車】
伊豆箱根鉄道修善寺駅より湯ケ島方面行きバス25分

【車】
東名高速道路沼津ICより国道136号線経由60分

Tel 0558-85-0115　伊豆市門野原400-1

【温泉DATA】

風呂	内風呂(男女各2)、露天風呂(男1、女2)、貸切り風呂5、部屋風呂22、ジャグジー1(男女入替え制)、サウナ1(男女入替え制)、岩盤浴3
泉質	ナトリウム-硫酸塩温泉
温度(源泉)	61.7℃
効能	神経痛、筋肉痛、関節痛、関節のこわばり、腰痛、運動麻痺、打ち身、くじき、美肌効果、疲労回復、切り傷、リウマチ、冷え症

【施設DATA】

日帰入浴	不可
宿泊料金	2万3250円～3万7950円　IN14:30・OUT10:30
施　設	客室31、宴会場2、売店、プール(子ども用)　駐車場／無料50台
URL	http://www.sagasawakan.com/

上／広さと開放感が魅力の露天風呂「川の湯」。サウナや水風呂も用意されている。中／狩野川越しに湯ケ島の豊かな自然を望むことができる「渓流の湯」。下左／木の香漂う「蔵の湯」にも、源泉の湯が惜しみなく注がれる。下右／モダンな雰囲気と自然素材の温かみが調和したロビー。2004年11月リニューアル。

天城吉奈温泉

御宿 さか屋

おんやど さかや

露天風呂　客室露天　日帰り　貸切り

江戸創業、黒澤明や岡本太郎の愛した美食の宿

歴史ある吉奈温泉に佇む、創業四百余年を誇る元造り酒屋の宿。温泉は、家康の側室お万の方がこの地に滞在して子宝を授かったことから、子宝の湯として名高い。

風呂は大浴場と露天風呂、貸切りの露天がふたつずつに、露天風呂付き客室も用意。それぞれ異なる風情を持ち、かけ流される吉奈の湯とともに素朴な自然を満喫できる。中でも「太郎さん風呂」は宿の常連だった岡本太郎が手がけたもの。館内に展示された氏の作品と同様、自然と溶け合い何とも言えない癒しの空間を作っている。

地素材にこだわる料理も自慢。伊豆天城の山海の幸が創作会席となり供される。旅館料理の域を超えた味と美食家に評判だ。

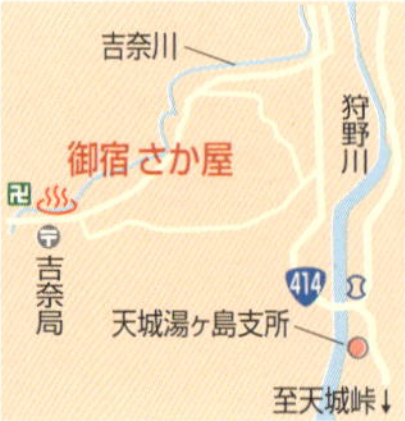

Access

【電車】
伊豆箱根鉄道修善寺駅よりタクシー15分

【車】
東名高速道路沼津ICより伊豆中央道経由45分

Tel 0558-85-1100　伊豆市吉奈101

【温泉DATA】

風呂	内風呂（男女各1）、露天風呂（男女各1）、貸切り露天風呂2、客室露天風呂4
泉質	弱アルカリ単純泉
温度(源泉)	47.5℃
効能	神経痛、筋肉痛、関節痛、関節のこわばり、五十肩、運動麻痺、打ち身、くじき、慢性消化器病、痔疾、美肌効果、疲労回復、切り傷、冷え症

【施設DATA】

日帰入浴	料金（昼食付き、前日までに要予約）5250円〜、利用可能時間 11:30〜14:00　火〜木曜定休
宿泊料金	1万8900円〜　IN14:00・OUT10:30
施　設	客室24、宴会場2、売店、会議室、ギャラリー、茶室、プール（夏期のみ）　駐車場／無料50台
URL	http://www.yoshina-sakaya.co.jp/

上／幻想的な灯りのなか、夜空を楽しむことができる「オリオン座風呂」。中／開放感が魅力の「酒樽の湯」。雨の日に傘を差して入るのもオツ。下左／「創作会席天城越え十八品」。桜エビ、ワサビなどこだわりの地素材がそろう。下右／風情あふれる庭園に面した特別室。女将の手による花々と元造り酒屋の地酒が迎えてくれる。

ごぜんの湯

ごぜんのゆ

露天風呂　客室露天　日帰り　貸切り

天然温泉がかけ流される昔ながらの湯治宿

随所に温泉が湧く伊豆にあっても珍しい湯治主体の宿。明治三十年代に古民家を移築した母屋と、共同の自炊室を備えた二つの宿泊棟からなる。

すべての風呂にかけ流されるのは加水、加熱なしの天然温泉。パイプを冷却したり、部屋の暖房に利用するなどして適温に下げてから湯船に注がれている。檜の内湯と露天風呂はやや小ぶりだが、ホタルが舞う恵まれた環境もあって開放感は大きい。

もちろん温泉宿としての利用も可能だ。食事は自家生産の米や野菜を中心に山菜、猪、鮎など天然食材にこだわった、体にやさしいメニュー。食養、東洋医療、運動を組み合わせた湯治プログラムも提案している。

Access

【電車】
伊豆箱根鉄道修善寺駅より伊東行きバス20分

【車】
東名高速道路沼津ICより国道136号線経由60分

Tel 0558-83-0281　伊豆市冷川999-2

【温泉DATA】

風呂	内風呂（男女各1）、露天風呂（男女各1）、貸切り風呂1
泉質	ナトリウム・カルシウム-硫酸塩温泉
温度(源泉)	62.3℃
効能	神経痛、筋肉痛、関節痛、関節のこわばり、五十肩、やけど、運動麻痺、打ち身、くじき、慢性皮膚病、動脈硬化症、美肌効果、疲労回復、切り傷、冷え症　飲用適応症／糖尿病、肥満症、痛風、胆石症、慢性便秘

【施設DATA】

日帰入浴	料金（120分）大人525円、子ども262円、貸切り風呂（60分）1000円、2歳以下無料、利用可能時間11:00～22:00　月曜定休
宿泊料金	4200円（自炊）～、6300円（食事付）～　IN15:00・OUT10:00
施　設	客室10、宴会場、食事処、鍼灸マッサージ治療院　駐車場／無料18台
URL	http://www.gozen.co.jp/

上／主人の杉本さんが鉄平石を組み上げた露天風呂。中左／檜の内風呂。中右／手すり付きの介護風呂。細かな泡の働きで体の不自由な人もさっぱり汚れを落とせる。アトピーなど肌で悩む人も多く訪れる。下左／食事は築100年以上の母屋で。入浴後にのんびり過ごす人も多い。下右／温泉熱を利用した竹の床が設置された客室。

赤石温泉 白樺荘

あかいしおんせん　しらかばそう

露天風呂　客室露天　日帰り　貸切り

上／夏は登山客、秋は紅葉の客でにぎわう。中／食事メニューも豊富。下／鼻をつくにおいとぬめりは硫黄泉ならでは。

南アルプスの麓に湧く 湯の花舞う秘湯

白樺荘は、静岡市の最北に毎分五百リットルもの湯を自噴する赤石温泉を源泉とする温泉浴場。ぬるぬるした肌ざわりの単純硫黄泉は効能多彩で、山深い場所にも関わらず足繁く通うファンが多い。市が管理しているため、入浴や休憩室の利用が無料というのもうれしい限りだ。食事処では、ヤマメや山菜など地元の味わいを楽しめる。

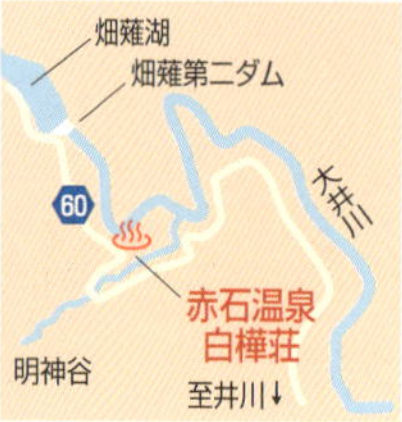

Tel 054-260-2021　静岡市葵区田代1005

【温泉DATA】

風呂	内風呂（男女各1）
泉質	単純硫黄泉
温度(源泉)	38.2℃
効能	神経痛、筋肉痛、関節痛、関節のこわばり、腰痛、婦人病、リウマチ、糖尿病、運動麻痺、慢性消化器病、慢性皮膚病、疲労回復、切り傷、冷え症

Access

【電車】
JR東海道本線静岡駅より畑薙第一ダム行きバス180分

【車】
東名高速道路静岡ICより県道60号線経由150分

【施設DATA】

日帰入浴	料金無料、利用可能時間10:00～16:00　火曜定休（祝日の場合は翌日休み、8・11月は無休）
宿泊料金	宿泊不可
施　設	駐車場／無料30台
URL	http://www.h2.dion.ne.jp/~ikawa

温泉
column
②

静岡県の温泉の傾向と効能

県内の温泉を地域別に大まかに分類してみると、東伊豆や南伊豆は単純温泉や食塩泉、西伊豆や天城山周辺は硫酸塩泉、中伊豆には単純温泉、県中部には硫黄泉が多いことがわかる。

単純温泉	含有成分が少なく肌に優しい。一般的に無色透明。	神経痛、リウマチ、外傷、疲労回復など	三ケ日温泉、伊豆長岡温泉、修善寺温泉、古奈温泉、蓮台寺温泉、観音温泉、稲取温泉、片瀬温泉、伊東温泉、網代温泉ほか
単純炭酸泉	炭酸ガスの泡が血液の循環を良くする。	高血圧症、動脈硬化症、神経炎など	
重炭酸土類泉	カルシウムなど鎮静作用のある成分を含む。	アレルギー、糖尿病、肝臓病、リウマチなど	湯ケ島温泉ほか
重曹泉	石鹸で洗ったように汚れが落ちてすべすべの肌に。	慢性皮膚病、糖尿病、外傷、肝臓病など	
食塩泉	食塩を含み保温効果がよく湯ざめしない。	冷え性、婦人病、ねんざ、打ち身など	焼津黒潮温泉、今井浜温泉、網代温泉、熱海温泉、舘山寺温泉、下賀茂温泉、峰温泉、熱川温泉、北川温泉、伊東温泉ほか
含重曹食塩泉	重曹を含む食塩泉で、肌をなめらかにする。	美肌効果、切り傷、慢性皮膚病など	接岨峡温泉、白沢温泉ほか
硫酸塩泉	芒硝泉、含食塩芒硝泉、石膏泉などに分けられる。	神経痛、胆のう炎、動脈硬化、痛風など	稲取温泉、片瀬温泉、修善寺温泉、堂ケ島温泉、白田温泉、吉奈温泉、月ケ瀬温泉、大仁温泉、松崎温泉、土肥温泉、湯ケ野温泉ほか
鉄泉	鉄分が造血作用を促進。空気に触れると褐色に。	貧血、更年期障害、リウマチ、湿疹など	北沼上温泉ほか
含明礬・緑礬泉	渋み、えぐ味が特徴で、火山性の土地に多い。	更年期障害、湿疹、水虫、慢性皮膚病など	
硫黄泉	硫黄を含み湯の花や卵の腐ったような臭いが特徴。	美肌効果、慢性皮膚病、婦人病など	寸又峡温泉、法泉寺温泉、平山温泉、梅ケ島温泉ほか
酸性泉	臭いが強く殺菌力に優れている。	水虫、湿疹、慢性皮膚病など	
放射能泉	ラドンが一定量以上含まれている温泉。	胃腸病、リウマチ、神経痛など	

温泉の泉質は温泉水に含まれる成分の違いで分類されている。1979年に「温泉法」が改正され、主な含有イオン名で表すようになったが、一般には「重曹泉」や「食塩泉」といった旧泉質名の方がわかりやすいので、以前の分類法を採用した。

湯の宿 いちかわ

ゆのやど　いちかわ

露天風呂　客室露天　日帰り　貸切り

せせらぎを耳に山あいの名湯を堪能する

静岡市街から安倍川沿いに北上すること一時間少々。標高千《メートル》の山あいに湧く梅ケ島温泉は、武田信玄の隠し湯としても知られる古くからの湯治場である。

渓谷沿いに建ち並ぶ旅館街のほぼ中央に位置するいちかわは、源泉水そのままの肌触りを楽しむことができる温泉自慢の宿。皮膚病に高い効果があるとされる湯を、檜の内湯と清流のせせらぎが届く露天風呂で満喫することができる。家族的なもてなしも気取りがなく、気持ちが安らぐ。

温泉の前には、周囲の見どころにぜひ足を伸ばしたい。紅葉はもちろん、安倍の大滝や大谷崩れなど、自然が創り出したダイナミックな景観を前にすれば、旅の味わいはさらに深まるはずだ。

Access

【電車】
JR東海道本線静岡駅より梅ケ島行きバス120分

【車】
東名高速道路静岡ICより県道29号線経由90分

Tel 054-269-2157　静岡市葵区梅ケ島5258-9

【温泉DATA】

風呂	内風呂（男女各1）、露天風呂（男女各1）
泉質	単純硫黄泉
温度(源泉)	39.5℃
効能	神経痛、筋肉痛、関節痛、関節のこわばり、腰痛、婦人病、五十肩、美肌効果、疲労回復、冷え症、切り傷、リウマチ

【施設DATA】

日帰入浴	料金（60分）500円、小学生以下無料、利用可能時間10:00～20:00、不定休
宿泊料金	1万500円～1万2600円　IN13:00・OUT10:00
施　設	客室14、宴会場、卓球台　駐車場／無料15台
URL	なし

上／かけ流される梅ケ島の温泉は、1700年ほど前にこの地に住んでいたきこりによって発見されたもの。中左／男湯とほぼ同じつくりの女湯にも源泉水が溢れる。中右／四季の移ろいも楽しめる露天風呂。下左／源流に近い安倍川に面した外観。豊かな自然に囲まれる。下右／客室14室のほか、50畳の宴会場も完備。

焼津黒潮温泉

下田楼 焼津ホテル

しもだろう　やいづほてる

露天風呂　客室露天　日帰り　貸切り

大崩海岸を思わせる迫力満点の巨岩風呂

焼津漁港の目の前にある創業嘉永四年の老舗宿。日本庭園の中にある露天風呂につかれば、ほんのり潮の香りが漂ってくる。身体の芯からリラックスできそうだ。

名物の内湯「どとう風呂」は、四国から取り寄せた紫雲石をはじめ、大小の銘石を大胆に配した豪快な湯船が印象的。いずれの湯船も、強い苦味と海水の約半分の濃度の塩分を含む焼津黒潮温泉の源泉水がたっぷり満たされている。

日帰り利用が可能で、「ナンバ歩き」（正式名はソクタイ）の提唱者である杉本芳郎氏による正しい歩き方講座がセットになった「日帰り健湯プラン」（食事付き・五千五百円）も好評だ。

海鮮割烹「八丁櫓」で味わう、焼津ならではの海の幸も絶品。

Access

【電車】
JR焼津駅よりタクシー3分

【車】
東名高速道路焼津ICより県道81号線経由5分

Tel 054-628-3155　焼津市本町1-14-2

【温泉DATA】

風呂	内風呂（男女各1）、露天風呂（男女各1）
泉質	カルシウム・ナトリウム-塩化物温泉
温度(源泉)	51.3℃
効能	神経痛、筋肉痛、関節痛、関節のこわばり、慢性婦人病、五十肩、やけど、運動麻痺、打ち身、くじき、慢性消化器病、痔疾ほか

【施設DATA】

日帰入浴	料金大人1000円・小学生500円、小学生未満無料、利用可能時間 11:00～20:00　無休
宿泊料金	1万円～　IN15:00・OUT10:00
施　設	客室28、宴会場7、売店、レストラン　駐車場／無料50台
URL	http://www.yaizu.co.jp

上／樹齢三百余年の松を中心にした日本庭園内にある女性用露天風呂。中／東海の親不知とも言われる奇勝「大崩海岸」の岩礁をモデルにした室内天然温泉「どとう風呂」。下左／焼津港に水揚げされる新鮮な海の幸をふんだんに使った料理。刺身の旨さも格別。下右／ほのかに潮の香りが漂ってくる二間続きの落ち着いた和室。

焼津黒潮温泉

お宿・お食事処 蓬来荘

おやど・おしょくじどころ　ほうらいそう

露天風呂　客室露天　日帰り　**貸切り**

天然南マグロが味わえる天然自噴温泉の宿

焼津唯一の天然自噴温泉が楽しめる宿。敷地内の源泉から一年中お湯が湧き出ている。

浴室はこぢんまりとしているが、部屋ごとの貸切りなので気兼ねは不要。濃厚な成分が不眠症や慢性婦人病などに効果抜群だとか。無色透明ながら、湯を触った感じは非常に滑らか。あまりの心地良さに、一時間以上入っているお客さんもいるそうだ。

この宿は創業以来、地魚・天然物にこだわっているが、とりわけ希少価値の高い天然南マグロのトロの美味しさは格別。時期が合えば駿河湾のとれたての生桜エビも味わえる。豪快なマグロのかぶと焼きや、肉厚で脂が乗った太刀魚の塩焼き、金目鯛の煮付けなど、港町ならではの味覚が満載。

Access

【電車】
JR焼津駅より徒歩5分

【車】
東名高速道路焼津ICより県道81号線経由10分

Tel 054-628-7288　焼津市栄町3-7-16

【温泉DATA】

風呂	内風呂1（貸切り）
泉質	含硫黄・含塩化土類弱食塩温泉
温度(源泉)	40.0℃
効能	ヒステリー、不眠症、神経痛、筋肉痛、関節痛、腰痛、慢性婦人病、やけど、打ち身、慢性皮膚病、痔疾、疲労回復、切り傷ほか

【施設DATA】

日帰入浴	不可
宿泊料金	8925円～　IN15:00・OUT10:00
施　設	客室11、宴会場、レストラン　駐車場／無料10台
URL	http://www.houraisou.com

上／敷地内にある源泉は昭和32年に先代が掘ったもの。自噴するお湯を、そのまま湯船にかけ流している。中／焼津市内でもめったに口にできない貴重な天然南マグロの大トロ。口に入れるとほのかな甘みが広がる。下左／洗面所・トイレを完備した畳の和室。下右／名物の「マグロのかぶと焼き」は、宿泊の1週間前までに予約を。

なかむら館《なかむらかん》

露天風呂　客室露天　日帰り　貸切り

上／陽光が注ぐ明るい大浴槽。成分が濃く香りも強い。左／タイル貼りの小浴槽。下／現在使っているのは1階のみ。

湯船から硫黄臭が漂う濃厚なにごり湯

焼津黒潮温泉の源泉の隣にある立ち寄り湯。三十年程前まで宿泊もやっていたが、現在は日帰り専用の温泉保養施設となっている。硫黄の香りがプンと漂ってくるお湯は塩分が強く、各種成分も濃い。「眠りが深くなる」「手術跡の傷の治りが早い」「冷え症が治る」といった湯治効果が、短期間で表れると評判だ。

Tel 054-628-4397　焼津市駅北1-14-7

【温泉DATA】

風呂	内風呂（男女各1）
泉質	カルシウム・ナトリウム-塩化物温泉
温度(源泉)	47.1℃
効能	リウマチ、神経痛、筋肉痛、関節痛、関節のこわばり、慢性婦人病、五十肩、やけど、運動麻痺、打ち身、くじき、慢性消化器病ほか

【施設DATA】

日帰入浴	料金400円、利用可能時間14:00～20:00　月曜定休
宿泊料金	宿泊不可
施　設	駐車場／無料7台
URL	なし

Access

【電車】

JR焼津駅より徒歩5分

【車】

東名高速道路焼津ICより県道81号線経由5分

温泉 column ③

温泉地ゆかりの著名人

全国屈指の温泉地を抱えた静岡県には、各界の著名人にゆかりのある土地も多い。当時に想いを馳せながら、悲喜こもごもの、温泉にまつわる歴史を紐解いてみよう。

皮膚病に悩んだ吉田松陰【蓮台寺温泉】

ペリーの黒船に接触すべく下田に潜伏していた松陰は、長州からの旅の途中、疥癬（かいせん／皮膚病の一種）にかかっていた。そこで、湯治をしようと蓮台寺へ向かった際、近所に住む医師、村山行馬郎と出逢う。渡航計画を聞いた村山は、二階の屋根裏部屋に松陰を匿うが、その間、松陰は思う存分、階下の内湯で湯治に努めたという。ちなみに、現在の湯は無色透明の単純温泉だが、当時は皮膚病に効く白濁の硫黄泉が湧いていたそうである。

入浴中に暗殺された源頼家【修善寺温泉】

父・頼朝の死後、鎌倉幕府二代将軍となった頼家は、実権の回復に努めるべく北条氏を討とうと試みるが失敗。修禅寺に幽閉されてしまう。そして、翌年の元久元年（一二〇四）七月、修禅寺門前の虎渓橋際にあった筥湯に入浴中、刺客に襲われ暗殺された。当時の筥湯は、平成十二年に立ち寄り湯として復元されている。

若山牧水が愛した湯【土肥温泉】

多くの文人・墨客に好まれた土肥温泉だが、中でも歌人・若山牧水は別格で、通算五回の長期滞在をしている。自宅を東京から沼津に移した後は毎年のように訪れ、滞在中に「静夜」「波と真昼と」「早春雑詠」など、多くの歌を詠んだ。常宿の「土肥館（現在は牧水荘　土肥館）」には、大正期だけで百泊以上しているという。

徳川家御用達の献上湯【熱海温泉】

徳川家康は慶長二年（一五九七）と同九年（一六〇四）に、熱海温泉を訪れている。初回はお忍びだが、二度目は二人の子供を連れ七日間逗留したそうだ。家康は熱海の湯を大変気に入り、病気療養中だった京都の吉川広家の見舞いに、わざわざ運ばせたという。その後、四代将軍家綱の時代から、江戸城にも熱海の温泉を献上することになり、将軍家御用の「御湯汲み」が始まった。八代将軍吉宗は八年間で三千六百樽以上の湯を運ばせたという。

志太温泉

潮生館《ちょうせいかん》

露天風呂　客室露天　日帰り　貸切り

老舗の情緒と手をかけた料理に癒される

大正から昭和にかけて、政界、財界、梨園の著名人が好んで投宿したという温泉旅館。昭和初期に建てられた純和風の建物は、眺めているだけで心の平穏が運ばれてくるよう。平成十六年には登録有形文化財にも指定されている。

温泉は加温こそしているものの、源泉かけ流し。ふたつの内風呂が用意されている。入浴だけの利用を受け付けないのは、のんびりと過ごしてほしいとの思いから。風呂にゆったりと浸かったあとに、地の素材を生かした料理を味わえば、心身ともにリラックスできるはず。

アクセスの良さもうれしいところ。藤枝市街地ほど近くにありながら、情緒ある佇まいと静かな時間が今も残されている。

Access

【電車】
JR東海道本線藤枝駅北口よりタクシー8分

【車】
東名高速道路焼津ICより藤枝バイパス経由15分

Tel 054-641-2263　藤枝市志太600-2-2

【温泉DATA】

風呂	内風呂2
泉質	ナトリウム-塩化物冷鉱泉
温度(源泉)	19.1℃
効能	神経痛、筋肉痛、関節痛、関節のこわばり、五十肩、打ち身、くじき、運動麻痺、慢性消化器病、疲労回復、冷え症、切り傷、やけど、慢性皮膚病、慢性婦人病

【施設DATA】

日帰入浴	料金（温泉と食事のセット、要予約）昼懐石5800円、夕懐石7800円、利用可能時間 昼11:00～15:00夕17:00～21:00のうちの3時間、火曜定休
宿泊料金	1万6950円～1万8000円　IN15:30・OUT10:00
施　設	客室8　駐車場／無料15台
URL	http://www.chooseikan.com

上／さながら露天風呂を思わせる窓からの眺め。春から夏にかけては新緑を、秋は紅葉が楽しめる。中左／玄関までのアプローチを散策するのも気持ちがいい。中右／離れの香梅荘も登録文化財。数寄屋造りの瀟洒な佇まいに心が和む。下左／四季折々の旬が楽しめる献立を心がけているとのこと。下右／清潔感に溢れる客室。

志太温泉

割烹旅館 元湯

かっぽうりょかん　もとゆ

露天風呂　客室露天　日帰り　貸切り

貸切り風呂と懐石で過ごす、スローなひととき

創業は明治二十年。割烹旅館をうたい、フランス料理の修業を積んだ四代目が、懐石料理に洋のテイストをさりげなくプラスした旬の味覚を提供している。

檜の湯船に満たされる温泉は、敷地のすぐ裏手に湧き出る源泉から引いたもの。塩分の働きで浴後の保湿力が高まり、美肌効果が期待できるという。浴室はひとつだけだが、家族やグループで貸し切ることができるので、気兼ねなく過ごせるのがいい。

温泉と料理を気軽に楽しみたいなら、「日帰りゆったりプラン」がおすすめ。昼、夜ともにたっぷり四時間、個室でくつろぎながら温泉と懐石料理を味わうことができ、好評だ。法事や会合などにも利用されている。

Access

【電車】
JR東海道本線藤枝駅よりタクシー8分

【車】
東名高速道路焼津ICより国道1号線経由25分

Tel 054-643-1126　藤枝市志太598-1-1

【温泉DATA】

風呂	内風呂1
泉質	ナトリウム-塩化物冷鉱泉
温度(源泉)	19.1℃
効能	神経痛、筋肉痛、関節痛、関節のこわばり、腰痛、五十肩、打ち身、慢性消化器病、痔疾、美肌効果、疲労回復、切り傷、リウマチ、冷え症

【施設DATA】

日帰入浴	料金（温泉と懐石料理のセット、2名以上、要予約）昼食5250円〜、利用可能時間11:00〜15:00　夕食6300円、利用可能時間17:00〜21:00　不定休
宿泊料金	1万3650円〜2万1000円　IN16:00・OUT10:00
施　設	客室5　駐車場／無料12台
URL	http://www.fujieda.or.jp/fm83501/

上／浴室の裏手に湧く冷鉱泉を加温して使用。湯が濁って見えるのは、源泉からろ過せずにそのまま流しているため。中／渡り廊下の左手は中庭。浴後は縁台で涼むのもいいだろう。下左／料理はバラエティーに富んだ内容。事前に予約を。下右／ほのかにお香の香りが漂う室内で、のんびりとくつろげる。

温泉民宿 深山

おんせんみんしゅく　みやま

露天風呂　客室露天　日帰り　貸切り

南アルプスの大自然に抱かれた素朴な宿

南アルプスの麓から湧き出た天然温泉が満喫できる素朴な民宿。客室から、四季折々に表情を変える寸又峡の大自然を眺められる。「美女づくりの湯」として名高い温泉は、つるつる、すべすべの肌になると好評。リウマチやストレス解消にも効果抜群だ。風呂は大小二つの内湯があり、いずれも貸切り可能。湯船から湯を溢れさせながら、どっぷりと温泉につかる瞬間は、何ものにも代え難い心の贅沢だ。

風呂上がりは、新鮮な川魚や、地元の旬の山菜を盛り込んだ料理に舌鼓。おばあちゃんの手作り味噌をはじめ、食材はほとんどが自家製だ。名物の猪鍋をはじめ、鹿や鴨の肉を使った野趣あふれる鍋料理に誘われるリピーターも多い。

Access

【電車】
大井川鉄道千頭駅より寸又峡温泉行きバス40分

【車】
東名高速道路牧之原ICまたは静岡ICより110分

Tel 0547-59-3519　榛原郡川根本町千頭298-1

【温泉DATA】

風呂	内風呂（大小各1）
泉質	単純硫黄温泉
温度(源泉)	42.7℃
効能	美肌効果、慢性皮膚病、慢性婦人病、糖尿病、神経痛、筋肉痛、関節痛、関節のこわばり、五十肩、リウマチ、ストレス解消ほか

【施設DATA】

日帰入浴	料金2625円（食事とセットのプラン、子ども料金は応相談）、利用可能時間11:30～14:00　無休
宿泊料金	8400円～　IN14:00・OUT9:30
施　設	客室6、宴会場、休憩用広間　駐車場／無料5台
URL	http://www.sumatakyo.com/

上／肌になめらかな「美女づくりの湯」が溢れるタイルの浴槽。豊かな自然の眺めも心落ち着く。中／小さな方の浴槽も清潔感溢れるタイル貼り。下左／猪鍋をはじめ、旬の山菜や川魚がふんだんに。塩と川根茶の粉末でいただく天ぷらも美味。下右／6つある部屋のうち、一番広い1階の「赤石」。窓から緑豊かな景色が楽しめる。

寸又峡温泉

温泉民宿
まえかわ
おんせんみんしゅく　まえかわ

露天風呂　客室露天　日帰り　貸切り

家庭的雰囲気と源泉直引きの岩風呂が人気

町営露天風呂のほど近くにある庶民的な宿。オーナー夫婦の気さくな人柄も手伝って、館内に入った途端、肩の力が抜けてリラックスできる。民宿ながら、布団の上げ下ろしをやってくれたり、旅館的なサービスをしてくれるのもうれしい。

風呂はブルーとピンクを基調にした男女別の岩風呂。美肌効果の高い寸又峡温泉の源泉水を、タンクを通さず、直接、湯船になみなみと注いでいる。余計な経路がないので温泉の鮮度が良く、成分の濃厚さも折り紙付きだ。

温泉を満喫したら、風通しの良い大広間でくつろぎのひとときを。窓から眺める中庭では、ご主人が丹精込めた盆栽がのどかな風情を醸し出している。

Access

【電車】
大井川鉄道千頭駅より寸又峡温泉行きバス40分

【車】
東名高速道路牧之原ICより国道473号線経由120分

Tel 0547-59-2373　榛原郡川根本町千頭364-5

【温泉DATA】

風呂	内風呂（男女各1）
泉質	単純硫黄温泉
温度(源泉)	42.7℃
効能	美肌効果、慢性皮膚病、慢性婦人病、糖尿病、神経痛、筋肉痛、関節痛、関節のこわばり、五十肩ほか

【施設DATA】

日帰入浴	料金大人400円・小学生200円・3歳以下無料、食事と入浴のセットプランは2500円、利用可能時間11:00～15:00　無休（事前に電話予約）
宿泊料金	7500円～（冷暖房費別途500円）　IN14:00・OUT9:30
施　設	客室7、宴会場、売店、休憩用広間　駐車場／無料10台
URL	http://www3.tokai.or.jp/sumata.maekawa/

上／男性用大浴場に設けられたダイナミックな岩風呂。中／大広間から眺められるご主人自慢の中庭。鯉の遊ぶ小さな池もある。下左／赤い絨毯敷きの玄関ロビー。売店にある「手づくりふくろう（不苦労）」は土産物として人気。下右／自家製だれで煮込む名物の猪鹿鍋を中心にマスの刺身、うどの酢味噌かけなど、山の幸が満載。

民宿旅館 ないとう

みんしゅくりょかん　ないとう

露天風呂　客室露天　日帰り　貸切り

素朴なお風呂と気配りで身も心もほっこり

浜松市フラワーパークの東隣に位置する家庭的な宿。花の香りに包まれた館内にいると、不思議なほど気持ちが落ち着く。宿泊客にガーベラの花束を贈るなど、小さな宿ならではの気配りも女性客の心を掴んでいる。

風呂は大小二つの内湯。敷地の裏手にある専用の自家水から、直接湯船へ注がれている。泉温や成分の関係で「温泉」とは表記できないものの、湯上がりは身体がポカポカになると好評。遠方から足を運ぶ常連客も多い。浴室は日により貸切り利用ができる。

自慢の料理は浜名湖の旬の食材と手作りにこだわる会席膳。野菜は女将の実家の畑で自家栽培したものを使う。献立にはうなぎと季節替りの釜飯が必ず付く。

Tel 053-487-2525　浜松市平松町1169-1

【風呂DATA】

風呂　内風呂（大小各1・貸切り可能）
温度(自家水) 20.0℃

Access

【電車】
JR東海道本線浜松駅より舘山寺温泉行きバス40分

【車】
東名高速道路浜松西ICより県道48号線経由12分

【施設DATA】

日帰り入浴　不可
宿泊料金　7900円～　IN15:00・OUT10:00
施　設　客室9、宴会場、レストラン　駐車場／無料30台
URL　http://www.yado-naito.com/

上／地下から湧く自家水は塩分が少なく肌にやわらか。中／浜名湖の幸と山の幸を盛り合わせた和食。ヤマモモ酒飲み放題など、季節ごとに嬉しいサービスを実施。下左／掃除が行き届いた客室が「もてなしの心」を感じさせる。下右／湯上がりには、ご主人が集めた古伊万里の器などを眺めるのも楽しい。

わが家のお風呂で極楽気分！

温泉スタンド

わが家で源泉100%のかけ流し温泉に入りたい。そんなわがままを叶えてくれるのが、ガソリンスタンドのように湯を量り売りする「温泉スタンド」。自宅に持ち帰るだけでなく、クーラーボックスを足湯にしたり、トラックの荷台に子供用プールを載せて即席露天風呂を作ったりと、アイデア次第で楽しみ方もいろいろ。

●賀茂郡河津町浜93-5・河津町浜温泉

ほっとステーション

町営温泉の集中管理事業で生み出される余剰温泉を利用した温泉スタンド。洗顔に使えばスベスベ肌になると評判だ。

【アクセス】
伊豆急行河津駅より河津川方面に徒歩約2分。イラストの描かれた巨大なタンクを目印に。

泉質　ナトリウム-塩化物温泉
効能　神経痛、筋肉痛、関節痛、リウマチほか
料金　200L/100円
営業時間　24時間　定休日なし
駐車場　なし

●田方郡函南町柏谷字中宿145-1・柏谷温泉

函南町営温泉スタンド

住宅街にあり場所がわかりにくい。「湯～トピアかんなみ」でひと汗流し、フロントで教えてもらうのもひとつの手。

【アクセス】
熱函道路から県道136号線に入り、サークルKを右折。公民館を過ぎたら右折。日枝神社前。

泉質　カルシウム・ナトリウム-塩化物・硫酸塩温泉
効能　神経痛、筋肉痛、関節痛、婦人病ほか
料金　100L/150円
営業時間　10:00～20:00　定休日なし
駐車場　2台

●伊豆市青羽根188・青羽根温泉

湯の国会館温泉スタンド

湯の国会館敷地内の温泉スタンド。ほんのり硫黄のにおいがする湯は成分豊富。会館で販売するプリペイドカードで購入。

【アクセス】
修善寺道路修善寺ICから国道136号線を6kmほど南下。天城ドームを過ぎて500m、左手。

泉質　ナトリウム-硫酸塩温泉
効能　神経痛、筋肉痛、関節痛、五十肩ほか
料金　1L/1円(50,100,200,300L単位)
営業時間　8:30～21:00　定休日なし
駐車場　100台

●賀茂郡西伊豆町中521・堂ケ島温泉

堂ケ島温泉スタンド

国道から離れ、周囲はのどかな雰囲気。案内もなく、いかにも地元向けの佇まいだが、仁科川沿いにあり見つけやすい。

【アクセス】
堂ケ島から国道136号線を南進。県道59号線へと左に折れ、仁科川沿いに約2km。川を渡り左手。

泉質　カルシウム・ナトリウム-硫酸塩温泉
効能　神経痛、筋肉痛、関節痛、五十肩ほか
料金　100L/100円
営業時間　24時間　定休日なし
駐車場　3台

●沼津市戸田1007・戸田温泉

沼津市 戸田壱の湯温泉 温泉スタンド

1986年に湧出した戸田温泉。市営の共同浴場「壱の湯」脇にスタンドがある。飲泉所は24時間利用可能。

【アクセス】
修善寺から県道18号線で戸田へ。県道17号線とぶつかる手前500mを右折(案内板あり)。

泉質　ナトリウム・カルシウム-硫酸塩温泉
効能　神経痛、筋肉痛、関節痛、五十肩ほか
料金　200L/100円、500L/200円
営業時間　6:00～23:00　定休日なし
駐車場　15台

●浜松市西藤平字西奥1662-1・西藤平温泉

旧天竜市温泉スタンド

ヌルヌル感が強い源泉水は深度1500mから湧出。良い状態で利用するために、持ち帰ったら近日中に使いきること。

【アクセス】
天竜総合事務所（旧天竜市役所）から県道297号線、県道9号線で約8km北上。道沿いの左側。

泉質　アルカリ性単純温泉
効能　神経痛、筋肉痛、アトピー性皮膚炎ほか
料金　プリペイドカード1枚1000円/500L
営業時間　24時間　定休日なし
駐車場　2台

●榛原郡川根町笹間渡220・川根温泉

ふれあいの泉温泉スタンド

川根温泉ふれあいの泉の敷地内にある温泉スタンド。隣接する道の駅には、誰でも自由に利用できる無料の足湯もある。

【アクセス】
国道1号線島田バイパス向谷インターから県道64号線を15km北上。川根温泉の看板を目印に。

泉質　ナトリウム-塩化物温泉
効能　神経痛、関節痛、切り傷、やけどほか
料金　20L/50円（川根温泉フロントで専用コインを購入　営業時間9:00～17:00）
営業時間　24時間　駐車場　250台

INDEX

……For tomorrow's vigor

■取材スタッフ
清水哲也・松浦伸之（dayclip）・松浦綾美（dayclip）
■表紙装丁
中谷稔孝

しずおか温泉自慢
かけ流しの湯

2005年11月15日初版発行
著者／静岡新聞社
発行者／松井純
発行所／静岡新聞社
〒422-8033　静岡市駿河区登呂3-1-1
電話　054-284-1666
印刷・製本／中部印刷
ISBN4-7838-1848-7 C0026